한일 경제협력, 필요한가?

이 도서의 국립중앙도서관 출판예정도서목록(CIP)은 서지정보유통지원시스템 홈페이지(http://seoji.nl.go.kr)와 국가자료공동목록시스템 (http://kolis-net.nl.go.kr)에서 이용하실 수 있습니다. (CIP제어번호:CIP2020036534)

한일 경제협력, 필요한가?

초판 1쇄 인쇄 / 2020년 9월 11일
초판 1쇄 발행 / 2020년 9월 15일

지은이 / 이종윤
펴낸이 / 한혜경
펴낸곳 / 도서출판 異彩(이채)
주소 / 06072 서울특별시 강남구 영동대로 721, 1110호
        (청담동, 리버뷰 오피스텔)
출판등록 / 1997년 5월 12일 제 16-1465호
전화 / 02)511-1891
팩스 / 02)511-1244
e-mail / yiche7@hanmail.net
ⓒ 이종윤, 2020

ISBN 979-11-85788-21-0 93320

※값은 뒤표지에 있으며, 잘못된 책은 바꿔드립니다.

한일 경제협력, 필요한가?

이종윤 지음

이채

한일 경제협력, 필요한가?

일제 강점기 일본 (주)신일철에서 근무하던 한국 징용공에 대한 배상의 현금지급 실행을 둘러싸고 한일 간에 긴장이 높아지고 있다. 일본 측은 1965년 한일 국교 정상화와 더불어 지급된 대일청구권 자금으로 이 문제는 해결이 끝났다고 하는 입장인 데 반해, 한국 측은 대법원 판결에 의해 동 지급 문제가 해결되지 않고 있다는 입장을 취하고 있어 동 문제는 양국 간에 쉽게 타협될 것 같지 않아 한일 간에는 긴장이 계속될 것으로 보인다.

그런데 국제통상 환경은 미중 경제전쟁에 더해 코로나 사태의 발생으로 인해 각국은 새로운 대응책을 모색하지 않으면 안 될 정도로 극히 어려움을 겪고 있다. 글로벌리즘은 사실상 붕괴되었고 미중 경제 의존도가 높은 한일 경제로서는 새로운 대응책을 강구하지 않을 수 없게 되었다.

코로나 사태의 발생은 특정 국가가 세계적 차원에서 구축해 온 서플라이체인을 자국 내나 인접국가 범위를 넘어서지 못하게 하고 있다. 미중 경제전쟁은 종래와 같이 한일이 부품·소재를 중국에 수출하고 중국이 완성품을 미국에 수출하는 식의 무역경로 유지를 무척이나 어렵게 하고 있어 새롭고 안정된 시장의 존재가 절실히 필요하다. 한일은 부존조건의 특수성으로 인해 일찍부터 가공무역 입국을 통해 경제를 발전시켜 왔기 때문에 어느 국가보다 안정된 해외시장을 필요로 하고 있다.

이상에서 살펴본 일련의 국제통상 환경의 변화와 한일이 가진 대내적 조건에 비추어볼 때, 한일로서는 이미 추진되고 있는 역내포괄적경제동반자협정(RCEP)의 체결을 향해서 더욱 적극적인 노력을 강구할 필요가 있다. 그런데 이 RCEP의 성격이 단지 역내 경제공동체로서의 성격에 그치지 않고 자유시장적 성격의 경제공동체가 되어야 하는데, 그런 의미에서 역내 어느 국가보다 자유시장 질서를 필요로 하는 한일로서는 그러한 성격의 시장질서 구축을 위해 강력한 협력이 필요하다. 또한 한일 기업들의 서플라이체인 구축에 있어서도, 한일은 인접한 국가에다 경제발전도가 격차가 크지 않아 매우 높은 보완성을 가지고 있다.

지금 한일 간에는 위에서 기술한 바와 같이 강점기의 징용공 배상 문제를 둘러싸고 긴장도가 높아지고 있다. 그러나 코로나 사태 발생과 미중 경제전쟁으로 인해 한일 모두 극심한 경제적 어려움에 직면해 있어 그 어느 때보다도 한일의 경제협력은 절실하다. 따라서 한일은 양국에 엄습한 엄청난 경제적 어려움을 극복하기 위해서라도 징용공 배상 문제를 하루빨리 해결하도록 해야 할 것이다. 요컨대 한일 양국에 직면한 '대(大)'의 문제 해결을 위해서 양국 간 협력을 저해하는 '소(小)'의 문제를 빨리 해결하는 것이 절실히 요구되고 있다는 점을 양국 정책 당국은 명확히 인식해 주기를 기대한다.

본 책자인 『한일 경제협력, 필요한가?』는 이러한 문제의식에 입각해서 여기저기에 발표했던 졸고들을 취합한 것이다. 한국은 상당 기간 일본 경제의 발전과정을 벤치마킹해 온 관계로 일본 경제 발전방식의 좋은 점이나 좋지 않은 점 등을 참고해야 할 부분이 적지 않다. 이러한 관점들도 아울러서 논하고 있다. 졸고에 대한 기탄없는 비판을 환영한다. 그리고 이 논쟁을 기회로 한일이 소리(小利)를 버리고 대동단결해서 경제적 공동번영을 이루기를 기대해 마지않는다.

목 차

1장

한국 경제 무엇이 문제인가?

한국 경제는 박근혜 정권 이래 문재인 정권에 이르는 과정에서 급격한 하락곡선을 보여 왔다. 박근혜 정권하에서는 일본 아베 정권의 아베노믹스 정책이 추진되어 일본 엔화가 급속히 평가절하되어 갔음에도 불구하고 제대로 대처하지 못해, 한국의 대표적 공업단지인 울산, 창원, 구미 등이 타격을 입어 대량 실업이 발생했다. 뒤이은 문재인 정권에서는 소득주도 성장정책의 추진 및 근로시간의 급속한 단축으로 실질임금이 급등했고, 이는 한국 수출품의 가격경쟁력을 급락시켜 수출주도적 한국 경제를 침체에 빠뜨리게 했다. 거기에 코로나라는 초특급 태풍마저 휘몰아쳐 한국 경제가 그야말로 휘청거리는 상태에 놓여 있다. 한국 경제가 이러한 상태에 놓여 있음에도, 그 대처방식을 둘러싸고 기업을 추진 주체로 하는 종래의 시장경제적 발전방식과 민노총 및 시민단체를 주체로 하는 정부주도적 경제발전방식이 팽팽히 대립하는 형국이다.

1960년대 이후 추진된 시장경제에 바탕을 둔 대외지향적 성장정책으로 한국 경제가 비교적 성공적으로 성과를 달성했다고 국내외적 평가를 받고 있음에도 기업주도적 시장주의와 강성노조에 바탕을 둔 정부주도적 경제 운영이 왜 이렇게 팽팽히 대립하고 있을까? 그 이유는, 한국 경제가 대체로 기업주도적 시장경제하에서 급성장해 온 것은 사실이나 그 성장 과실이 성실한 노력과 능력만에 의해 결정되었다기보다는 적지 않은 부분이 부동산 투기, 인플레이션 및 정책적 왜곡 등이 크게 작용하여 부와 소득의 분배구조를 왜곡시켰다고 생각

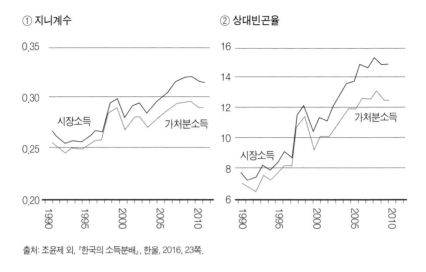

① 지니계수

0.35

0.30

0.25

0.20

시장소득

가처분소득

1990 1995 2000 2005 2010

② 상대빈곤율

16

14

12

10

8

6

가처분소득

시장소득

1990 1995 2000 2005 2010

출처: 조윤제 외, 『한국의 소득분배』, 한울, 2016, 23쪽.

〈그림 1〉 소득분배 추이

하는 사람들이 적지 않아 이렇게 대립하게 된 것이 아닐까 본다.

 그런데 여기서 분명하게 인식되어야 할 것은 한국 경제와 같이 세계 평균에 비해 지하자원 및 토지 등이 극히 부족하고 인적자원이 특별히 풍부한 국가는 국제 분업에 편승한 대외지향적 성장정책이 불가피하다는 것이다. 똑같은 인적자원을 가진 남한과 북한이 왜 이러한 경제발전 격차가 발생했는가를 비교해 보면 대외지향적 성장정책의 우월성은 명백하다고 하겠다. 그리고 대외지향적 성장정책을 추구하는 이상 대외경쟁력의 강화는 불가피한 정책목표가 되지 않을 수 없다. 그런 인식을 받아들일 때 대외경쟁력을 무시한 소득주도 성장정책은 일본 민주당의 집권 경험에서 확인된 것처럼 성공하기 어렵다는 것은 확실하다. 문 정권의 경우 한국 수출품의 대외경쟁력을 해치지 않도록 시장경제의 자연스러운 흐름에 맡기면서 저소득 계층의 소득부분을 이전소득으로 보완시켰더라면 대외경쟁력 약화로 인해 경제성장을 저해하지 않고 분배구조의 왜곡을 초래하지도 않았을 것이다. 결국 한국 경제의 부존 조건에서 국제 분업에 적합화한 대외지향적 성장정책은 오늘과 같이 높은 후생 수준을 누리기 위해서는 불가피한 선택이고, 이러한 정책 방향을 선택한 이상은 대외경쟁력 유지 및 강화에 경제정책의 최우선순위를 두지 않으면 안 된다.

따라서 이 전제하에서 그간의 경제발전 과정에서 발생시킨 부와 소득분배의 왜곡을 어떻게 시정해갈 것인가를 모색하는 방향에서 정책 운영과 국민 통합을 추진해가야 할 것이다. 여기서 경제성장과 부 및 소득분배 왜곡의 시정이라는 두 마리 토끼를 다 잡을 수 있는 정책 방향은 저소득 계층에 일방적 소득 이전보다는 국가적 차원의 철저한 기술, 기능 교육을 실시함으로써 그들의 노동생산성을 높여가도록 하는 것이다. 말하자면 물고기를 나누어 주기보다는 물고기를 잘 잡을 수 있는 기술을 가르쳐 주는 것이 전체의 국부를 해치지 않으면서 그들의 부와 소득을 높이는 것이 될 것이다. 이러한 정책 목적을 가지고 정부 예산에서 일정 부분을 확실히 할당하여 치밀한 계획하에 꾸준히 추진해 나가면, 현재 한국 경제가 직면하고 있는 모순과 갈등을 상당히 잠재울 수 있을 것으로 생각된다.

일본은 인접 국가로서 한국보다 100년 앞서 경제적 근대화를 추구해 온 국가이다. 그리고 일본 역시 한국과 비슷한 부존조건을 가지고 있어 가공무역 입국을 추구해 왔다. 한국이 1960년대 이후 경제발전 과정에서 일본의 성장방식을 상당히 벤치마킹해 왔기 때문에 일본의 경제발전 경험은 성공한 부분이든 실패한 부분이든 크게 참고가 되고 있다. 그리고 한국은 일본 경제를 외부 경제로 인식하고 경제를 발전시켜 왔기 때문에 일본과의 합리적 협력관계는 한국 경제의 발전을 위해서나 일본 경제의 발전을 위해서 상당히 필요하다고 하겠다. 그런데 유감스럽게도 한일 양국 정부의 왜곡된 정치적 판단으로 인해 최근에는 경제적 이점을 살리지 못하고 있다.

이 책은 이러한 문제의식을 가지고 그간 발표한 소논문 및 칼럼 들을 체계화해서 한국 경제의 위기 극복 방향을 제시해 본 것이다. 유감스럽게도 코로나 이후 한국 경제는 어떤 형태로 될 것이며 코로나의 상처를 치유하기 위해서 어떠한 정책이 요구될 것인가는 제시하지 않았다. 또한 코로나 이후 한일 경제는 어떠한 협력이 바람직한가 하는 점도 새로운 과제로서 연구가 요망된다고 하겠다. 내일의 방향 제시는 오늘 놓인 조건을 토대로 하여 제시되는 것이기 때문에 한국 경제에 대한 정확한 현상 분석은 절대적으로 요구된다고 하겠다. 나아가 한국 경제의 현상을 크게 변화시킬 또 하나 중요한 요소인 4차 산업혁명이 어떻게 추진될 것인가도 예리한 관찰이 요구된다고 하겠다.

최근 코로나 사태로 인해 공유경제는 침체 기미를 보이고 있는데 이 부분이 코로나 이후에는 어떻게 전개될 것인가가 관심의 대상이 되지 않을 수 없을 것이다. 또한 코로나 사태로 재택근무가 크게 확산되고 있는데 코로나 사태 이후에는 어떠한 모습을 보일 것인가? 또한 교육의 디지털화가 어느 정도까지 진전될 것인가? 그리고 그 필요성이 크게 높아지고 있는 원격의료는 기득권의 반대를 극복하고 우리의 생활 속에 파고들게 될 것인가? 무엇보다 자칫 대량 실업으로 연결될 것으로 우려되는 AI를 어떻게 도입하여 능률성을 살리면서도 대량 실업이라는 부작용을 극복할 수 있는 방책을 제시할 수 있을 것인가? 이러한 문제들에 대한 연구도 금후의 중요한 정책과제들이 될 것이다.

이러한 4차 산업혁명과 관련한 문제들은 이미 시작된 것이기 때문에 예의 관찰이 요구되고 있다고 하겠다.

2 장

위기의 한국 경제 그 활로는 있는가?

1. 한국 경제 현상에 대한 진단

문재인 정부 출범 이후 3년이 지난 이 시점에서 한국 경제를 평가해 보면 그간 상당한 변화가 나타난 것은 분명하다. 그 변화에 대해 정책 당국은 긍정적으로 평가하고 있는 데 비해 다수의 경제학자들은 상당히 부정적으로 평가하고 있다. 정책 당국이 긍정적 평가를 내리는 근거로 한국의 생산가능 인구 중 상시 종업원 비중이 증가했고 경제성장률도 30~50클럽, 즉 OECD 내에서 5천만 명 이상의 인구를 가지고 있고 1인당 국민소득이 3만 달러 이상인 국가 중에서는 미국 다음으로 경제성장률이 높다는 점을 들면서 경제에서 선방해 왔다는 입장이다. 정책 당국의 이러한 견해에 대해 다수의 경제학자들은 그것은 허울일 뿐이고 그 내실은 허물어져가고 있다는 입장이다.

경제적 합리성을 무시하고 공기업을 중심으로 비정규직을 정규직화 함으로써 대부분의 공기업들을 부실기업화 했고 노동생산성을 무시한 최저임금의 급격한 인상으로 자영업자들을 대량으로 도산시킴으로써 실질실업률을 급등시켰다. 나아가 노동생산성 이상의 임금 상승으로 인해 한국 경제의 자랑이던 수출 부문마저 경쟁력이 약화됐고 수출증가율은 마이너스로 돌아섰다. 또한 탈원전 정책의 추진으로 인해 높은 기술경쟁력을 보유한 원자력 발전소의 대외경쟁력이

2장은 「신용경제」(한국산업경제연구원 간) 2019년 6월호에 기고한 저자의 글을 바탕으로 구성되었다.

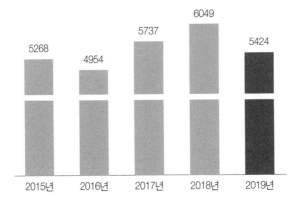

출처: 산업통상자원부.

〈그림 2〉 연도별 수출액(단위: 억 달러)

크게 약화됐고 에너지의 안전 확보를 저해했으며, 에너지 가격의 불안정으로 여타 산업의 경쟁력에도 불리하게 작용했다. 요컨대 정책당국의 자체 평가는 허울에 지나지 않고 내실은 멍들어가고 있다는 것이다. 나아가 현재의 정책기조가 그대로 유지되는 한 한국 경제는 급속히 부실화되어 간다는 것이다.

　이미 부산, 울산, 경남 경제가 빠르게 침체되고 있고, 압도적인 대외의존적 한국 경제의 체질에 비추어 볼 때 특단의 대책이 수립되지 않으면 수출경쟁력이 급속히 하락하여 한국 경제 전체의 침체를 가속화시킬 것임이 중론으로 굳어지고 있다.

2. 기존의 발전구조를 허무는 문재인 정권의 발전 틀

문 정권의 등장과 더불어 한국 경제의 발전방식이 크게 변화되어
왔음은 명확하다. 먼저 한국 경제를 움직이는 사실상의 주체가 기업
가들로부터 민노총을 중심으로 하는 강성노조와 참여연대 및 환경단
체 등 이른바 시민단체로 옮겨왔기 때문에 경제정책도 공급중심적
경제정책으로부터 내수중심적 정책으로 옮겨왔다. 내수중심적 정책
의 골격은 익히 아는 바와 같이 소득주도 성장정책이다. 소득주도 성
장정책의 핵심은 노동자의 임금을 높임으로써 노동자의 소득을 높이
고 이 높아진 소득이 수요를 창출하게 하여 각 산업을 활성화시킨다
는 것이다. 그리고 또 하나의 수요 창출 요소로서 탈원전 정책을 추진
함으로써 재생가능 에너지, 그중에서도 태양광 산업을 대대적으로 육
성하고 그 육성과정에서 시민단체가 추진 주체가 되도록 하여 그들
의 소득 창출을 꾀한다는 것이다. 이러한 정책기조에 따라 임금을 지
난 2차례에 걸쳐 도합 29.1% 인상했고, 거기에 더하여 노동시간을 단
축시킴으로써 과도한 노동시간을 축소하고 추가적인 노동수요를 창
출하고자 했다. 그리고 수십조 원에 달하는 예산을 투입하여 태양광
산업을 육성하고 있다.

나아가 공정경제를 실현한다는 목적으로 대표적 재벌들의 내부 구
조를 철저히 분석하여 내부거래를 막고 재벌 총수들의 비리를 집중
적으로 적발함으로써 그들의 활동을 제약했다. 재벌 총수들의 그룹

내에서의 지배력을 약화시키고 경영활동 범위를 명확히 하여 사실상 경영활동을 위축시키고 있다.

경영의 지배력이 민노총 등 강성노조로 상당히 옮겨와서 경쟁을 통한 발전이라는 제도적 장치인 성과급이나 직능제가 철폐되고, 건설업에서 보는 것처럼 노동자의 선발도 기업이 주체가 되지 못하고 민노총과 한노총의 주도권 경쟁에 맡겨지는 것으로 나타나고 있다.

기업들의 첨단기술 산업 특히 4차 산업혁명 분야에 참여하는 경우, 가령 인터넷 전문은행 설립에 있어서는 은산분리를 내세우는 시민단체들의 주장으로 대기업의 참여가 용이하지 않았고 빅데이터의 육성에 있어서도 개인정보 보호라는 명문에 묶여 그 추진조차도 무척 어려웠다. 드론, 자율주행 등 신산업의 육성에서도 국민의 생명안전을 침해할 수 있다는 근거로 그 투자가 제약되고, 의료, 유통 및 관광서비스 산업의 육성에서도 공공성 훼손 등의 이유로 기업들의 진출이 용이하지 않다. 시민단체의 이러한 주장이 전혀 근거가 없는 것은 아니지만 미국, 중국, 일본 및 EU 국가들에 비해 한국 기업이 월등히 큰 제약을 받고 있는 것이 사실이다. 이러한 4차 산업혁명 분야에의 참여 지연은 결과적으로 한국 경제의 효율성을 떨어뜨려 한국 경제 선진화를 지연시킬 것이다.

예산 배분에 있어서도 과도한 예산이 복지 지출이나 소득주도 성장정책의 실패를 메우는 데 투입되기 때문에 AI 전문인력 양성 등 첨단기술 인력 양성에의 지원이 극히 저조하다.

3. 침몰해가는 한국 경제

문재인 정권의 이러한 경제발전 틀에 입각한 경제운영이 지난 2년 간 어떠한 경제성과로 나타났는가? 무엇보다 기업 내 정규직 종업원들의 임금을 크게 상승시켜 구매력을 높인 것은 사실이지만, 25%에 달하는 자영업자 및 영세 중소기업들이 급등한 인건비를 감당할 수 없어 상당수 도산한 것으로 나타났다.

이에 따라 전체로서의 개인 소비는 오히려 감소했다. 그리고 종래까지 수출 대기업의 경우 강성노조로 인해 생산성 이상의 고임금을 지급해 왔는데 금번 최저임금의 급등은 대기업의 노동자 임금을 한층 높이고 계열·하청 부품업체들의 임금까지 급등시킴으로써 최종제품의 가격경쟁력을 크게 약화시켰다.

이 결과 순조롭게 진행되던 수출 흐름이 일거에 하강국면으로 전환됐다. 물론 이와 같은 전환에는 미중 무역전쟁 등 한국 수출에 불리한 통상환경의 출현도 한몫했지만 지금과 같은 노동생산성 이상의

〈표 1〉 연도별 법인파산·법인회생 건수

(단위: 건)

연도	2014년	2015년	2016년	2017년	2018년	2019년
법인파산	539	587	740	699	806	931
법인회생	873	925	936	878	980	1,003

출처: 법원행정처.

임금인상 구조가 존재하는 한 수출 하강국면을 반전시키기는 쉽지 않을 것이다. 이와 같이 개인 소비수요가 활발하지 못하고 또한 수출 수요도 하강세를 보임에 따라 기업으로서는 내일을 위한 투자활동에 주저할 수밖에 없었고 결국 전년대비 투자증가율도 하락했다. 나아가 기업경영 환경의 악화가 반영되어 해외 기업의 대한 투자는 극히 미미한 데 비해 한국 기업의 해외 투자는 급증하고 있다. 이미 적지 않은 산업공단들이 공동화 현상을 나타내고 있고 매물로 나온 기업들이 즐비한 것으로 보도되고 있다. 이러한 기업 활동의 부진은 고용사정에도 반영되지 않을 수 없어 가령 일본의 유효구인배율(구직자 한 명당 일자리 수)이 2018년 6월 기준 1.62배인데 비해 한국은 0.65배 정도로 한국의 구직난이 심각한 것으로 나타나고 있다.

이러한 사실들이 종합적으로 작용하여 문재인 정부 출범 전후를 비교한 국민 살림살이 실태조사에서 58.9%가 출범 이후 살림살이가 나빠진 것으로 나타났다. 문재인 정부 출범 이후 한국 경제가 침체로 빠져들고 있음을 확인할 수 있는 대목이다.

4. 아베노믹스의 추진과 일본 경제의 변화

일본은 한국보다 (구미를 캐치업하는 데) 앞선 후발국으로서 부존조건의 유사성으로 인해 가공무역 입국방식으로 경제를 발전시켰다는 점에서 한국 경제의 발전방식과 유사하다. 더 정확히 말하면 한국이 상당 부분 일본의 경제발전방식을 벤치마킹했다. 2차 세계대전 이후 순조롭게 발전하던 일본 경제가 주지하는 바와 같이 1990년대 이후 이른바 '잃어버린 20년'이라고 하는 장기 경기침체에 빠졌었는데 2012년 말에 등장한 아베에 의한 아베노믹스의 추진으로 일본 경제는 새로이 활기를 되찾고 있다. 최근 미중 무역전쟁의 여파로 다소 주춤하기는 하지만 새로운 발전 틀을 구축했다는 점에서 유사한 경제발전방식을 채택해 온 한국 경제로서는 주목할 만한 가치가 있을 것이다.

아베노믹스의 골격은 금융의 과감한 양적완화 정책, 기동적인 재정정책 및 새로운 성장전략이라는 3개의 화살로 구성되어 있다.

그 내용을 보면 큰 폭의 금융 양적완화 정책을 통해 이자율을 제로화하고 환율은 큰 폭으로 평가절하했다. 재정자금을 조성하여 기업활동의 적극화를 위한 인프라를 조성했으며 산업 기반을 강화하기 위한 액션플랜으로서 고용제도를 기업과 고용자의 다양한 조건에 맞추어 신축적 운영이 가능하도록 합리적으로 개혁했고, IT 인력을 보강시켜 기업의 생산성을 높이도록 했다. 나아가 각 지역 특색에 맞는 특구를 지정해 입지경쟁력 강화를 추진하는 등 기업들로 하여금 4차 산업혁명 분야에 적극 진출할 수 있도록 가능한 한 규제를 철폐했다.

아베 정권이 이상에 걸친 내용의 정책을 대담하게 그리고 적극적으로 추진했기 때문에 기업들은 2013년 이후 최근에 이르기까지 수익 증가, 주가 상승, 수출 증가 나아가 대폭적인 투자 증가를 실현함으로써 일본 경제에 활기를 불어넣은 것이다.

일본은 그야말로 기업하기 좋은 환경이 되었고 이에 따라 해외자본 유입은 물론 해외에 나갔던 일본 기업들조차 대대적으로 유턴해 옴으로써 일본 경제는 기술한 바와 같이 구인난 시대를 맞이하고 있다. 제도적으로 고용 선택을 다양화했기 때문에 아베노믹스 초기에는 비정규직 중심으로 고용이 증가되었으나 2015년 이후부터는 정규직 고용도 급속히 증가하고 있다.

이상에 걸친 일련의 가시적인 성과에 더하여 기업들을 중심으로 한 일본의 경제 주체들이 일본 경제에 대한 자신감을 되찾았다는 것이 무엇보다 귀중한 아베노믹스의 성과로 지적될 만하다. 아베노믹스의 핵심은 결국 경제활동의 주체인 기업들에게 가장 유리한 경영환경을 조성시킨 것이라고 할 수 있으며 이러한 정책의 추진으로 일본은 새로운 발전의 전기를 맞이하고 있는 것이다.

5. 한국 경제의 새로운 활로 모색

지금 한국 경제의 문제는, 민노총을 중심으로 한 강성노조의 무리한 요구, 이 요구에 대한 경영층의 무기력, 그리고 이 양자 간의 관계에 합리적 조정자 역할을 해야 할 정부의 친노동적 또는 책임회피적 태도에 있다고 하겠다. 기업의 4차 산업혁명 분야 진출에 대한 시민단체나 기득권 그룹의 저항에 대해서도 정책 당국은 소극적 대응으로 일관하고 있다.

따라서 현 한국 경제의 위기 극복을 위해서는 정책 당국이 선진국들에게서 볼 수 있는 것과 같은 합리적인 지침을 명확히 제시하고 그 지침을 기업가와 노동자들이 받아들일 수 있도록 설득함과 동시에 확고한 태도를 견지해야 한다. 지금과 같은 친노동적, 책임회피적 정책 태도로는 침몰하는 한국 경제를 극복할 수 없다.

1960년대 이래의 고도성장 과정에서 친기업 편향적 정책 태도는 적절히 바로잡아 져야겠지만, 일본의 아베노믹스에서 볼 수 있는 것처럼 치열한 국제경쟁의 일선에서 활동하는 기업가들이 적극적인 활동을 할 수 있도록 하는 여건 조성을 철저히 해야 할 것이다. 노동생산성 이상의 임금 상승은 국제경쟁에서 한국 기업을 뒤처지게 할 것이며, 이렇게 되면 노동자들에게도 이득이 되지 않을 뿐 아니라 결국에는 생산 현장에서 퇴출된다는 사실을 명확히 주지시켜야 한다.

원화가치가 하락하고 있는데, 그것은 임금 상승에 의한 경쟁력 하락분을 달러 표시로 상쇄하여 가격경쟁력을 유지하게 하는 효과를 발생시키므로, 무리하게 원화가치 하락을 저지하는 정책을 구사할 필요는 없을 것이다. 나아가 임금상승분에 상응하는 노동생산성을 확보할 수 있도록 범국가적으로 기술, 기능연수 활동을 전개하는 것이 절실히 요구된다. 국가적 레벨의 대대적 기술연수 활동은 그 크기만큼 고용증대 효과를 발생시킬 것이다. 4차 산업혁명은 단지 새로운 산업을 추가시키는 의미에 그치지 않고 기존 산업의 능률화 달성도 내포하고 있으므로 정부와 기업과 대학이 합리적 협력체계를 구축하여 기술 인력의 양성과 이를 통한 첨단 산업화의 추진에 국민적 역량을 집중해야 할 것이다.

무엇보다도, 경제 주체들 간의 대립과 갈등을 극복하고 이 기반 위에서 치열한 국제경쟁에서 국민경제를 생존 발전시키는 것이 모든 경제 주체들의 공통적 자산이라는 점을 명확히 인식하는 것이야말로 한국 경제 침몰을 막는 출발점이라고 할 수 있겠다.

3 장

일본 경제의 잃어버린 20년이 갖는 의미

한국 경제가 일본이 겪은 '잃어버린 20년' 초입에 접어들었고 이제부터 본격적인 일본형 불황이 시작된다는 주장이 여기저기서 강력하게 제기되고 있다. 지금의 한국 경제 침체가 어떠한 요인에서 비롯되었으며 어떠한 대응책이 요청될 것인가에 대한 정책을 수립함에 있어서, 한국 경제의 발전방식 내지는 발전과정이 상당 부분 일본의 그것을 벤치마킹해 왔다는 점에서 그간 20년에 걸친 일본 경제의 침체 요인을 분석해 본다는 것은 불황 극복을 위한 한국 경제의 정책 수립에 적지 않은 시사점을 줄 것으로 사료된다.

1. 잃어버린 20년의 발생

일본의 잃어버린 20년은 1985년 9월에 체결된 플라자합의*로부터 태생된 것으로 생각된다. 동 합의의 체결로 일본 경제는 연 500억 달러에 달하던 대미 경상수지 흑자를 축소할 목적으로 달러 대비 엔화 가치를 일거에 두 배 가까이 평가절상한다.

일본의 통화 당국은 엔고를 유도하기 위해 이자율을 하락시키고

---

* 플라자합의란, 1985년 9월 22일 미국 뉴욕 플라자호텔에서 G5(일본·미국·영국·독일·프랑스에 의한 선진 5개국 재무장관·중앙은행 총재 회의)가 과도한 달러 상승의 시정을 위해 외환시장에서의 협조 개입과 협조 행동에 합의한 것을 일컫는다. 플라자합의는 실질적으로 일본이나 독일에 대해 무역적자를 안고 있던 미국의 대응책이었는데, 플라자합의가 발표되자 엔화는 1달러 240엔에서 1년이 지날 무렵 150엔대에 이른다. 일본은 이러한 급격한 엔고 진행으로 수출이 둔화되고 경기가 감퇴했다. 일본 정부는 그 대응책으로서 내수경제의 확대에 의한 경제성장 촉진을 목표로 국내 수요의 충실, 공공투자의 확대 등의 적극적 재정을 취했다.

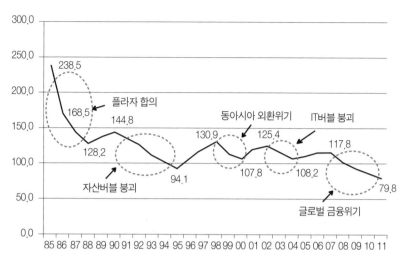

출처: IMF, Exchange Rate Archives by Month.

〈그림 3〉 엔화 환율 변화 추이(단위: 엔/달러)

통화량을 증가시키는데, 이렇게 되자 일본 경제는 주식, 부동산 등 실물자산을 중심으로 가격이 급등하는, 말하자면 버블이 발생한다. 한편 일본 수출기업들은 엔고로 약화된 일본 수출품의 가격경쟁력을 높이기 위해 철저한 구조조정으로 대처한다. 자동차 생산에 투입되는 노동집약적 저부가가치 부품 기업들은 인도네시아, 태국 및 베트남 등 저소득 국가에 이전시켜 그들의 저임금 노동력을 활용해서 생산을 맡겨 재수입하고, 중급 부품 기업은 한국, 대만 및 홍콩 등 이른바 중진국에 진출시켜 이들 국가의 노동력을 활용해 생산해서 재수입함으로써 최종재인 자동차 제품의 코스트를 인하한다. 거기에 그치지 않고 기술집약적 핵심 부품, 소재 및 생산설비는 일본에서 생산하되 고성능 시설투자를 통해 1980년대부터 개발되기 시작한 메카트로닉스 제품 등 하이테크 설비로 생산하게 함으로써 노동생산성을 높여 엔고로 인해 초래된 인건비를 충분히 흡수할 수 있게 한 것이다.

이러한 합리화 노력과 동시에 기업 내에 불요불급한 인적, 물적 생산요소를 철저히 제거하는 노력도 추진한다. 급등한 엔고로 초래된 일본 수출품의 약화된 가격경쟁력을 높이기 위한 일본 기업들의 뼈를 깎는 노력은, 일본 내수는 극소화하면서 생산능력은 극대화함으로써 결과적으로 일본 경제의 수급 갭을 확대시켰고 이러한 관계가 반영되어 엔고의 구조조정이 끝나는 1990년경에는 일본 경상수지 흑자 폭은 오히려 증대되어 1,000억 달러대에 이르게 되고 이에 따라 일본은 다시 미국으로부터 엔고 압박을 받기 시작한다.

한편 일본 경제가 기술한 바와 같이 이자율 하락, 통화량 증가에 따라 주식, 부동산을 중심으로 버블 현상을 노정하자 이런 비정상 상태를 방치할 수 없다고 판단한 정책 당국은 일본 경제의 버블 상태를 진정시키기 위해 2~3차에 걸쳐 이자율을 급등시키는데, 이렇게 되자 1990년경부터 주식, 부동산 가격 급락을 신호탄으로 일본 경제 전체가 급속히 냉각되고 경기침체 상태로 들어갔다.

이상에 걸친 일련의 전개를 마크로적으로 보면 일본 경제의 공급능력은 첨단기술 장착으로 높아져 갔는 데 비해 내수는 축소되어 감으로써 1990년대 초기 일본 경제는 전 산업 평균 30% 정도의 공급과잉 상태를 초래한다. 결국 일본 기업들은 버블 상태 때 조성한 과잉채

무에 더해 수요 급락으로 인한 과잉인력과 과잉설비라는 3다(多) 현상으로 인해 다시 큰 폭의 구조조정이 요구되는 상태에 빠지게 된 것이다.

일본 기업의 이러한 3다(多) 현상은 일본 기업의 경영을 악화시켜 적지 않은 일본 기업들을 부실화로 몰고 갔다. 일본 기업의 부실화로 은행이 갖고 있던 대출채권도 상환능력을 상실한 불량채권이 됨으로써 은행의 체력이 급속히 약화됐다. 일본 은행의 불량채권 실태를 보면, 미국 은행이 대출채권을 불량채권으로 간주하는 기준을 적용했을 때, 1998년부터 2000년까지 30조엔(GNP의 6%), 나아가 2002년 3월 말 현재 42조엔(GNP의 8.4%)이 될 정도로 통상적인 경우에 비해 은행대출액 중 불량화의 비율이 극히 높다는 것을 알 수 있다.

일본에서 은행의 채권 불량화 비율이 이렇게 높아진 것은, 기술한 바와 같이 1990년대 초 버블 파괴에 따른 불량대출 증가에 더하여 1997년경에 발발한 아시아 금융위기로 일본 경제의 불황 상태가 심해진 것에 기인한다. 1990년대 중반 이후 태국이 외화 부족으로 IMF 관리체제하에 놓이게 되는 것을 신호탄으로 인도네시아, 한국 등도 국가부도 직전까지 가며 IMF 관리체제에 놓이게 됨으로써 대부분의 동아시아 국가들이 국제유동성 부족을 겪었다. 이렇게 되자 일본으로서는 이들 국가로의 수출이 급감되었을 뿐만 아니라 이들 국가들에 빌려 준 대출금을 상당 기간 상환할 수 없게 됐다. 이렇게 되자 일본 경제는 수출수요 급감으로 불황 사태가 더욱 심화되어 갔고 은행

대출의 불량화가 더욱 심해져서 1998년 장기신용은행 및 채권은행
들의 도산을 시작으로 일본 전국에 걸쳐 차례차례 도산이 진행됐다.
1991년부터 2001년에 걸친 10년간의 일본 금융기관의 도산 건수는
176개에 이르고 있다.

2. 일본 은행의 비합리적 지배구조와 공적자금 투입 지연

자본주의 경제에서 건강하고 효율적인 은행 시스템의 존재는 필수
적이라고 할 수 있다. 그런 의미에서 일본의 경우에는 은행이 불량채
권을 과다하게 보유해도 그대로 방치해버릴 정도였으니 효율적인 은
행 시스템이 확립되어 있지 않았던 것이다. 일본 은행의 경우 핵심 주
주가 금융기관이었고 비금융기관 주주조차 당해 은행과 이해관계를
가진 기업들로 구성되어 있었기 때문에 당해 은행 경영활동을 냉정
하고 객관적으로 체크하지 못했다고 할 수 있다. 이런 식으로 은행의
부실 경영을 방치함으로써 많은 은행들이 도산하거나 부실화되어 갔
고 오랫동안 일본 경제 침체를 조장하는 존재로 남았다. 일본의 금융
정책 당국도 적기에 불량채권을 대대적으로 정리하고 공적자금을 투
입하여 은행의 건전성을 되찾기 위한 대담한 구조조정을 하지 못했
기 때문에 상당 기간 일본 경제의 침체가 지속됐다. 1995년 3월부터
2002년 3월까지 22.4조엔의 공적자금이 예금보험기구를 통해 투입됐
지만 금융기관에 대한 치밀한 구조조정적 접근이 아니고 임시미봉적

성격의 것이었기 때문에 금융기관의 건전성과 효율성을 확립하지는 못했다.

결국 상당한 규모의 금융자금이 오랫동안 좀비 기업들의 생존 연명에 묶임으로 인해 일본 경제를 활성화하고 고도화하기 위한 자금 지원은 극히 미미했다고 할 수 있다.

3. 캐치업의 완료와 일본적 경영의 존속

메이지유신 이후 일본 경제의 운영방식은 기본적으로 구미 경제를 발전 모델로 하여 이들 경제를 캐치업하는 데 정책의 역량을 집중시켜 왔다고 할 수 있다. 1970년대에 일본 경제는 제조업에 관한 한 사실상 구미 경제를 따라잡았다고 할 수 있으며 1980년대는 일본 산업의 조직을 재편해서 구미 경제와 대등한 경쟁을 할 수 있는 경쟁력을 달성하는 기간이었다고 할 수 있다.

그간의 일본 경제 발전과정에서 경제정책상의 특징은 일본의 인적, 물적 기술과 경영자원을 차례로 구미와 유사한 산업구조가 되도록 투입하는 것이었고, 이를 위해서 강력한 규제를 수단으로 일본의 기술·경영자원이 다른 부문이 아닌 정부가 유도하는 방향으로 가도록 철저히 유도하는 것이었다. 그렇게 하지 않으면 그런 자원이 비생산적인 분야에서 낭비될 수 있기 때문이다. 이러한 정책적 노력은 구미형 산업구조의 고도화를 비교적 성공적으로 실현시켰다.

그런데 이러한 규제를 통한 산업화의 추진은 일본 경제가 구미 수준까지 산업화를 달성할 때까지는 유효했다. 하지만 구미 수준에 도달한 이후, 스스로 새로운 산업을 발굴하고 이 산업을 발전시켜 가는 1980년대 이후부터는 강력한 규제 자체가 오히려 산업 발전에 장애물이 되고 있다. 그런 의미에서 일본 경제가 새로운 산업고도화를 추진시키기 위해서는, 규제를 철폐하여 기업인들로 하여금 자유롭게 새로운 산업에 참여할 수 있도록 하는 투자 환경의 조성이 절실히 요구된다고 하겠다. 그런데 일본 정책 당국은 여전히 강력한 규제라는 수단을 견지하고 있었기 때문에 캐치업 이후의 일본 경제는 경제 활기가 극도로 약해져 간 것이다.

한편 1970~80년대까지의 캐치업 때까지는 종신고용, 연공서열 및 기업 내 노동조합이라는 이른바 일본적 경영이 극히 높은 효력을 발휘하여 일본 기업이 빠르게 구미 기업 수준까지 따라갈 수 있었다. 요컨대 일본 기업이 스스로 창조적 기술이나 경영기법을 개발한 것이 아니고 구미의 기술과 경영기법을 수입하여 일본 기업의 근로자에게 접목시키고, 기술과 경영기법을 구미 수준까지 높여가는 활동이었기 때문에 종신고용이나 연공서열적 경영환경이 개인주의적 능률을 추구하는 구미 기업보다 기업의 목표 달성에 일층 효율적인 것으로 평가되고 있다. 종신고용제는 일본의 근로자들에게 고용 안정을 보장해 주었기 때문에 구미 기업의 기술, 경영기법을 안정된 기반 위에서 차례차례 습득해 갔다. 연공서열제의 존재는 개인적 생산성 향상을 저해하는 면은 있지만 구성원 간의 위화감을 덜 조성시켰기 때문에 집단적 생산성의 극대화를 구현한 것으로 평가되고 있다. 기업 내 노조의 존재도 산업별, 기능별 노조의 경우보다 노사화합을 빠르게 달성시킴으로써 구미의 산업별, 기능별 노조제도의 경우보다 파업 등으로 인한 노동 상실일수가 훨씬 적은 것으로 나타났고, 그만큼 일본 기업의 노동생산성을 높인 것으로 평가되고 있다.

이와 같이 일본 기업이 구미 기업을 캐치업해 가는 단계까지는 기술한 바와 같이 종신고용, 연공서열 및 기업 내 노조라는 일본적 경영이 크게 효율성을 발휘했고 비교적 빨리 구미 기업의 수준까지 올라갈 수 있었다. 그런데 일본 경제가 구미 경제를 캐치업한 이후부터는 일본 기업 스스로 고도화된 기술이나 경영기법을 개발하여 새로운 산업을 창출해 가야 하는데 이러한 발전 단계에서는 근로자들의 창의적 노력이 요구되고, 이를 위해서는 근로자 개인들에게 창의적 노력의 성과물에 대한 상응한 보상이 필요하다. 이러한 발전 단계에서는 종신고용, 연공서열적 노동 관행으로서는 원하는 성과물을 도출하기 어려워진다. 물론 부분적인 변화가 없었던 것은 아니지만 일본 기업들은 이러한 경영환경의 변화에도 불구하고 기본적으로는 기존의 일본적 경영의 골격을 유지하는 방침을 견지했다. 그 결과 1990년대 이후 국제경쟁에서 일본 기업의 상대적 위상이 하락되어 갔다는 점은 부인하기 어려울 것이다. 일본 기업의 이와 같은 위상 변화는 마크로적으로 일본 경제의 장기 침체에 영향을 미치지 않을 수 없을 것이다. 일본 기업들의 투자 열기가 약화된 것도 이러한 측면이 크게 반영되었을 것으로 사료된다.

4. 장기 침체 극복을 위한 일본의 노력

경기침체를 극복하기 위해 일본의 정책 당국도 나름대로 노력한 것은 사실이다. 그런데 그 대응방식이란 것이 국채를 발행해서 사람이 별로 다니지 않는 곳에 도로나 다리를 건설하거나, 충분한 수요 예측 없이 공항을 건설하는 등 말하자면 건설·토목공사형 단기성 수요 창출이 중심이 되었기 때문에 승수효과적, 지속적 수요 유발로 발전시키지는 못했다. 오히려 경기부양을 위한 자금 지출이 건설업 등 토목사업의 공급 능력만 증대시킴으로써 마크로적 수급 갭을 확대시켰고, 시간의 경과와 더불어 경기부양비 지출을 추가하는 경우도 적지 않아 1992년 3월부터 2002년 12월에 이르는 과정에서 무려 135.4조 엔의 경기부양비를 투입한 것으로 나타나고 있다.

5. 일본의 경기침체는 왜 장기화되었나?

일본은 엔고에 따른 코스트 증가분을 개별 기업 레벨이나 국가경제 운영 과정에서 철저하게 코스트 절감 대책을 추진하는 것으로 대처했기 때문에 결과적으로는 일본의 내수 규모를 축소시켜 버렸는데,

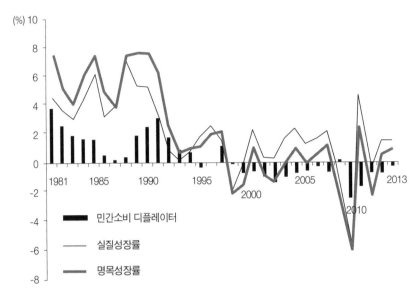

출처: 이지평, 「우리는 일본을 닮아가는가」, LG경제연구원, 2017. 2. 15., 8쪽.

〈그림 4〉 일본 경제성장률의 장기 정체 추이

이것이 일본 경제의 장기 침체를 초래하게 된 것이라고 생각된다. 코스트 절감을 통해 엔고를 극복하면서도 일본 경제의 수요 기반을 확대시키는 노력을 통해 수입수요도 증대시켜 자국 통화의 가치가 지나치게 절상되지 않도록 적절히 조정하도록 했어야 했다.

일국의 경제활동이 지나치게 과열되거나 침체되지 않도록 함에 있어서는 금융기업의 건전성 유지가 필요하다. 기업에의 자금 지원에 있어서 불량채권이 과다하게 발생하지 않도록 하면서도 자금이 원활하게 지원되도록 하는 명확한 기준이 설정되어야 한다. 그러기 위해서는 금융기업 지배구조가 금융활동을 객관적으로 체크할 수 있는 시스템을 갖도록 해야 한다.

선진 경제의 경제정책은 기본적으로 규제를 최소함으로써 기업 활동을 자유스럽게 하고, 4차 산업을 중심으로 기술집약적 고부가가치 산업에 적극적으로 참여할 수 있도록 유도해야 할 것이다.

지금 일본 경제에 요구하는 경기부양 정책은 파급 효과가 제한된 건설·토목공사형이 아니라 4차 산업혁명이 원활히 추진될 수 있도록 인적자원의 축적을 위시한 인프라의 조정에 두어져야 한다. 그러한 활동을 통해서 자연스럽게 승수적 수요 창출이 유발될 것이다.

이제 일본 경제에서 종신고용, 연공서열적 일본적 경영은 사실상 수명을 다했다고 할 수 있다. 이제부터는 인센티브 시스템을 통해 개인의 창의력을 극대화하여 고급 기술산업을 창출할 수 있도록 하는 경영틀의 정립이 요구된다고 하겠다.

이미 일본 경제는 고이즈미 내각의 개혁 작업으로 일본 경제의 비능률 부분을 상당히 개선했고, 또한 아베노믹스의 추진으로 침체를 털어내고 활력을 되찾고 있는 것도 사실이지만, 좀 더 분명한 발전 모델의 구축이 요구된다고 하겠다.

4 장

아베노믹스의 평가와 한국 경제

주지하는 바와 같이 한국 경제는 구직난에 빠져 있고 일본은 구인난에 즐거운 비명을 지르고 있다. 이 차이는 어디에서 비롯된 것인가? 1990년대에 들어오면서 일본 경제도 이른바 '잃어버린 20년'이라고 일컬을 정도로 오랫동안 침체 상태에 빠져 있었는데 2012년 말 아베의 집권과 더불어 일본 경제는 활기를 되찾기 시작해 드디어는 구직난에서 구인난으로 전환되었다. 이러한 경제 활기의 전환에는 아베노믹스라는 정책 설계가 중요한 역할을 하고 있다는 사실에 대해서는 대체로 받아들이고 있다고 하겠다.

한편 한국 경제는 1997년 IMF 관리체제라는 불명예를 재빨리 극복하고 순조롭게 경제를 발전시켜 왔으며 심지어 2008년 미국발 금융위기로 시작된 세계 경제의 침체로부터 다른 나라에 앞서 벗어났는데, 박근혜 정부 등장 이래 오늘에 이르기까지 심각한 구직난에서 벗어나지 못하고 있는 것이 지금의 한국 경제의 모습이다.

그런 인식에서 출발하여 4장에서는 아베노믹스의 실체를 점검해보고 거기에서 한국 경제의 불황 탈출에 어떠한 시사를 받을 수 있는가를 찾아보고자 한다.

1. 일본 경제에서 아베노믹스의 등장 배경

아베노믹스의 정책 구조는 3개의 화살, 곧 대담한 금융 완화 정책, 기동적인 재정 확대 정책 및 새로운 성장 전략으로 구성되어 있는데 이러한 정책이 어째서 성공적인 성과를 거둘 수 있었는가를 살펴보기 위하여 먼저 아베노믹스가 등장하기 전까지의 일본 경제의 구조를 살펴보기로 한다.

일본은 1960년대까지 구미 기술을 적극적으로 도입하여 구미와 유사한 중화학공업 구조를 구축했다. 이 기반 위에서 1970년대에는 종신고용, 연공서열 및 기업 내 노조라는 일본적 경영을 무기로 하여 1, 2차 오일쇼크 및 끊임없이 제기해 오는 엔화 평가절상 압력을 고성능 시설 개체 및 중요도가 낮은 인적, 물적 경영자원을 철저히 제거하는 구조조정을 통해 극복함으로써, 1980년대가 되면 일본 경제는 높은 경제성장률, 낮은 실업률 및 물가 안정 그리고 높은 수출 증가와 풍부한 외화보유고 확보 등 그야말로 튼튼한 선진 경제를 구축했다고 할 수 있다. 그런데 1985년 9월의 플라자합의에 따라 일거에 엔화가치가 50~60%까지 평가절상하게 되는데 이것마저도 상술한 바와 같은 철저한 구조조정으로 대처했다. 이 과정에서 일본 경제는 내수를 극단적으로 축소시켜 구조적 불황 상태를 조성시켜버린 것이다. 1990년대 들어와 일본 정부는 불황으로 인한 수요 부족분을 메꾸기 위해 적자공채를 발행하여 그 자금으로 토목공사를 일으켰다.

그런데 이러한 일본 경제의 불황 극복 방법은 일본 비교열위 산업의 생산 규모만 키우고 일시적인 수요 창출에 그치는 성격의 것이있기 때문에 이러한 임시 미봉적 수요 창출은 결국 일본 경제로 하여금 국가부채만 누적시키게 되었다. 결국 일본 경제로서는 일본 수출기업들이 엔고로 인해 끊임없는 구조조정으로 몰리지 않으면서 이익을 발생시키고 이에 따라 투자수요를 불러일으키고 나아가서 일본 산업의 구조를 고도화시켜 가는, 말하자면 자생적 투자수요를 일으켜 지속적인 경제 성장을 실현시켜 가는 성장 모델을 창출하는 것이 핵심적인 정책 과제가 된 것이다. 말할 필요도 없이 이러한 경제 발전 구조가 만들어지면 투자수요로부터 자연스럽게 고용 기회가 만들어지고 고용 증가는 내수를 창출하기 때문에 다시 투자를 불러일으키는 것으로 되어 그야말로 호순환적 지속 가능한 성장 구조가 되는 것이다. 바로 이러한 요구에 아베노믹스의 정책 설계는 주효했다고 할 수 있다.

2. 아베노믹스의 주요 내용

아베노믹스는 소위 3개의 화살로 구성되어 있다고 하는데, 곧 과감한 금융 정책, 기동적인 재정 정책 및 새로운 성장 전략이 그것이다.

1) 금융의 과감한 양적완화 정책

아베노믹스의 핵심 정책은 금융의 과감한 양적완화 정책이다. 미국의 FRB 의장이던 버냉키가 2008년 시점의 미국 경제가 1929년 미국의 대공황과 유사하다는 인식하에 그 대처 방식으로서 달러를 무한대로 발행하여 부실화하는 금융 기관에 투입하여 금융 기관들이 쓰러지지 않게 하고 주식, 부동산 기관 등에 주입하여 주가, 부동산 가격의 폭락을 방지하는 대책을 수립, 집행했다.

이러한 정책 전개를 지켜본 일본 중앙은행도 국채를 사들이는 방식으로 재빨리 본원통화를 연간 약 80조엔씩 늘려, 가령 2013년 4월 149.6조엔이었던 본원통화를 2015년 1월에는 275.4조엔으로 증가시켰다. 본원통화의 이러한 증가는 주가를 급등시키고 엔화가치를 급락시킨다. 여기에 그치지 않고 2014년 4월에 재정 적자를 줄이기 위해 소비세율을 5%에서 8%로 인상하는데, 이로 인해 일본 경제에 악영향을 끼친다고 판단하자 추가적 금융 완화를 통해 주가 상승과 엔화의 저평가를 그대로 지속시키게 한 것이다. 이번에는 FRB가 2014년 10월에 금융의 양적완화를 정지하고 이어 2015년 12월에 정책 금리를 인상함에 따라 중국 등 신흥국 경제에 악영향을 미치는 경로를 통해 엔화가치를 상승시켰다. 그 방지책으로서 일본 중앙은행은 2016년 1월에 마이너스 금리 정책을 도입하고 있으며 나아가서 2016년 7월에는 이미 채택하고 있던 상장투자신탁(ETF) 자금에 의한 주식 구입액을 증가시킴으로써 주가가 하락되지 않도록 하고 있다.

이와 같이 일본 중앙은행에 의한 대폭적인 양적완화 및 마이너스 금리 등 금융의 양적, 질적 완화 정책은 시중 은행들의 수익성을 악화시켰지만 후술하는 바와 같이 주가 상승 및 엔저를 지속시킴으로써 일본 경제의 경기 활성화에는 크게 기여한 것으로 평가되고 있다.

2) 기동적인 재정 정책

일본 정부는 일본 경제 재생을 위한 긴급대책으로서 10.3조엔을 조성하고 있는데 그 주요 사업을 보면 민간 투자를 유도하기 위한 곳에, 중소기업, 소규모 사업자 및 농림수산업 대책에, 일본 기업의 해외 전개를 지원하기 위해, 그리고 인재육성 및 지역 활성화 대책 등에 투입하고 있다. 나아가서 일본 경제의 선순환 구조를 창출한다는 목적으로 5.5조엔을 조성하여 투자 촉진, 인프라 정비 등 일본 경제의 경쟁력 강화를 위해, 여성·청년·고령자·장애인을 지원하기 위해, 그리고 부흥·방재안전대책 등에도 투입하고 있다. 30%대이던 법인세를 연차적으로, 가령 2015년 2.5%, 2016년 3.29% 등으로 인하해서 궁극적으로는 20%대까지 낮추어 구미 기업들과 대등한 경쟁을 할 수 있도록 한다는 목표를 추진하고 있다.*

3) 새로운 성장 전략

민간 기업의 투자 및 경영활동을 활성화하기 위한 성장 전략으로서 다음 3가지 액션플랜을 제시하고 있다. 먼저 산업 기반을 강화하기 위한 액션플랜으로서 고용제도를 기업의 조건과 다양한 고용자의 조건에 맞추어 신축적 운용이 가능하도록 합리적으로 개혁하고, 과학

---

* 실제로 법인세율(실효세율)이 2014년에 34.62%였던 것이, 2016년 29.97%, 2018년 29.74%로 내려갔다.

기술의 기업화를 유도하고, 세계 최고 수준의 IT 사회를 실현하여 기업의 생산성을 높이도록 하며, 나아가서 각 지역 특성에 맞는 특구를 지정해 입지경쟁력 강화를 추진하기로 했다. 다음은 사회적 과제를 새로운 시장 창출로 연결시키는 플랜을 추진하고 있다. 구체적으로 건강수명 연장에 필요한 것들을 체계적으로 개발하여 시장화한다든가, 클린에너지 수급 관계를 적절히 조성하여 시장화하는 등이다. 마지막으로 일본 기업의 글로벌 전개를 촉진시키는 플랜이다. 가령 동남아 SOC 시장에 적극 참여할 수 있도록 종합적인 지원책을 강구하며, TPP를 체결하는 등 전략적 통상 관계 구축을 적극화하는 플랜을 세우고 있다.

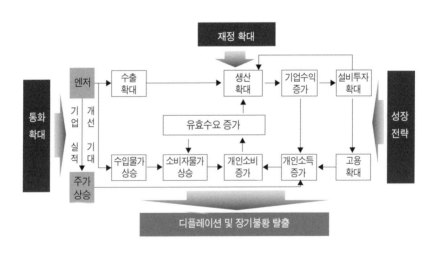

〈그림 5〉 아베노믹스 성장 전략

3. 아베노믹스 평가

그러면 상술한 바와 같은 정책 내용이 담긴 아베노믹스가 추진되어 그간 어떠한 성과를 발생시켰는가를 간단히 살펴보자. 아베노믹스에서 가장 역점을 두었던 것은 말할 필요도 없이 금융의 대폭적인 양적완화를 통해 엔저를 유도하여 일본 기업들의 수출경쟁력을 높이고 이를 통해 수출 증가와 이익 증대를 실현하여 주가를 높이는 것이다. 또한 투자를 증가시켜 고용을 증가시키고 실업률을 낮춰 주가 상승 및 고용 증가 등이 종합적으로 작용하여 소비 증가, 내수 확대를 실현시켜 경기를 활성화시키는 것이다. 그간 엔화의 대폭적인 평가절하가 실현되어 수출기업의 대외경쟁력을 크게 높였는데 일본 기업들은 수출 증가보다는 이익률을 중시함으로써 2015년 4월부터 9월까지 상장기업의 매출 대비 경상이익률이 7.1%로 급상승해 갔고 이 관계가 반영되어 주가가 급등해 갔다.

기업경영의 활성화는 당연히 고용 증가로 나타나, 가령 실업률이 아베노믹스가 시작된 2012년 4.3%에서 2017년 10월의 2.8%로 축소시켜 왔다. 그리고 2012년부터 2015년에 이르는 3년간은 정규직은 오히려 감소하고 비정규직 중심으로 증가되었으나 2015년부터는 정규직도 착실히 증가되고 있다. 다만 이 기간 중 증가된 노동자의 94%는 65세 이상이고, 82%는 여성으로 나타났다.

그리고 증가된 취업자의 6할은 보건위생 및 사회사업 분야인 것으

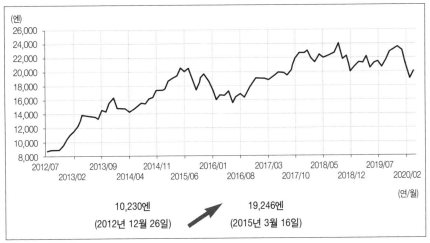

(엔)

10,230엔	19,246엔
(2012년 12월 26일)	(2015년 3월 16일)

(연/월)

출처: 한국은행 경제통계 시스템.

〈그림 6〉 일본 주가 추이

로 나타났다. 말하자면 일본 사회의 고령화를 반영한 요양 니즈의 확대가 그간의 고용 증대에 가장 크게 기여한 것이다. 엔화의 평가절하에 의한 수출경쟁력 강화는 엔저에 따른 수입 원자재 가격과 생필품 가격의 상승을 초래함으로써 근로자의 실질임금을 하락시키는 효과를 발생시켜 고용 증대에 의한 소비 증대 효과를 상쇄시킴으로써 전체로서 소비 증대 효과는 극히 미약했다고 할 수 있다. 기술한 바와 같이 엔저로 인해 기업의 수익성은 크게 개선됨으로써 수출 증대가 가세되어 전체로서 투자수요는 증가된 것으로 나타나고 있다. 구체적으로 2018년도 설비투자 동향을 보면 비제조업에서는 14%가 증가되어 2년 연속 증가한 것으로 나타났다. 이러한 비제조업의 설비투자 증가를 견인한 것은 42.1%의 증가를 보인 소매업이다. 소매업의 투자 증가는 구인난에 대응하기 위한 기계화의 필요성과 여기에 더하여 온라인 판매에 대비하기 위한 것이라고 볼 수 있다. 제조업에서는 소재, 전기기기 부문에서 투자가 약 2할 증가함으로써 제조업 투자를 견인하고 있다. 금융의 양적완화로 인해 기업 입장에서 자금 조달이 용이해져서 스타트업 기업 간 M&A(합병·매수)가 활발해졌다.

이와 같이 자금 조달의 용이함은 기업 매수에 의한 규모의 확대 및 경영 기반의 안정 그리고 기술 개발의 신속성을 촉진시키는 것으로 평가되고 있다. 이러한 제 효과가 발생됨에 따라 분산되어 있는 자금 및 인재를 집중시킬 수 있어 기업 가치를 높이고 있는 것으로 평가되고 있다. 엔저 및 이자율의 하락 그리고 풍부한 유동성은 일본의 기업 경영환경을 유리하게 함으로써, 일본의 경영환경이 열악하여 해외에 진출했던 기업들조차 다시 일본으로 유턴하는 현상이 두드러지게 나타나고 있다.

가령 몇 가지 대표적인 것을 보면 (주)TKR이 중국 생산부품의 30%를 단계적으로 일본으로 이관하고 있으며, 파나소닉은 중국에서 제조하는 세탁기 일부와 전자레인지 40기종을 일본 생산으로 대체하고 있다. 샤프는 일본에서의 생산비율을 50%까지 끌어올리고 있으며 혼다자동차도 바이크 생산의 일부를 국내로 이관하고 있다. 이러한 해외에 진출하고 있는 일본 기업의 유턴 현상은 더욱 확대되어갈 것으로 보인다. 일본 정부는 일본 기업의 대외 활동을 활성화하기 위하여 EU와 FTA를 체결했으며, 아시아·태평양 지역에서 무역·투자의 새로운 룰을 구축하는 것으로 평가받고 있는 환태평양 경제제휴협정

(TPP)을 일본의 강력한 주도로 성사시키고 있다. 당초 동 협정은 미국 주도로 추진되어 협정을 완료시켰는데 보호주의의 가치를 둔 미국 트럼프 정권이 출범하여 동 협정에서 탈퇴함에 따라 무산될 것처럼 보였었다. 그것을 일본이 호주와 제휴하여 기어코 동 협정의 체결을 성사시킨 것이다. 이에 따라 일본은 EU에 더하여 세계 무역액 15%를 점하는 아시아·태평양 지역 자유무역권을 구축함으로써 일본 기업의 대외 활동은 극히 유리해졌다.

이상에 걸쳐 아베 정권의 등장과 더불어 실시된 아베노믹스의 성과를 간추려 본 것이지만 이런 가시적인 성과 이상으로 중요한 성과로 지적할 수 있는 것은 일본인들이 자신감을 회복한 것이다. 오랜 불황으로 무기력했던 일본인들이 아베노믹스의 추진과 더불어 그들도 할 수 있다는 자신감을 되찾은 것은 무엇보다 큰 성과이다. 경제 활동은 심리적인 요소가 크게 작용하여 할 수 있다는 자신감을 갖는 경우와 그렇지 못한 경우를 대비해 보면 실적에 엄청난 차이가 나는 것으로 일반적으로 이해되고 있다. 그런 의미에서 아베노믹스의 추진으로 일본인들이 경제 활동에 대한 자신감을 되찾았다는 것은 무엇보다 큰 성과라고 할 수 있다.

4. 한국 경제의 전개와 특징적 현황

1) 한국 경제의 전개

한국 경제가 IMF 관리체제로 들어간 이후 김대중 정권은 IMF가 제시하는 경제 재건 지침에 입각하면서 종래까지의 한국 경제 체질을 크게 변화시켰다. 가령 문어발식 재벌 구조를 해체하여 부채비율을 일거에 500~600%에서 200%로 인하시키고 산업의 범위를 제한된 업종만 선택하여 관련 산업 중심으로 재편시켰다. 계열 관계에 있던 대기업과 중소기업 간에도 계열 관계를 극히 약화시킴으로서 중소기업으로서는 대기업으로부터 기술, 자본 지원 및 경영 지도를 받을 기회가 크게 줄어들어 사실상 준독립적 관계로까지 변화되었다.

이러한 조치로 인해 중소기업의 경영 체질은 더욱 약화되어 대기업과 중소기업 간의 발전 격차는 더욱 커진 것이다. 제조기업은 말할 것도 없고 금융기업조차도 경영 체질이 약한 기업은 도산시키는 정책을 추진했기 때문에 그 과정에서 대량 도산과 대량 실업이 발생하여 빈부 격차가 크게 확대되었다. 그리고 기업경영 구조를 정상화시켜가는 과정에서 한국의 기업 속에 해외자본이 크게 침투하는 계기가 되었다. 침체되는 경기를 살려내겠다는 필요에서 무분별하게 카드를 발급하게 하는 무리수를 두었지만 초고속 광케이블을 설치함으로써 정보산업을 발전시키는 여건을 조성시켰으며, 한일 간 문화교류를 개방함으로써 문화산업을 발전시키는 기초를 구축했다고 할 수 있다.

노무현 정권에서는 경제의 지나친 수도권 집중화를 막고 균형 발전을 도모한다는 명분으로 전국 곳곳에 혁신도시를 건설하여 공업화의 지방 분산을 추진했으나 성공하지 못하고 지방 땅값만 높였다는 평가를 받고 있다. 또한 저소득 계층을 위한 사회보장제도의 충실화에 노력했으나 분배구조를 개선시키지는 못했다. 다만 은행 대출에 있어서 DTI, LTV를 각각 40%, 60%를 고수하게 함으로써 금융 산업의 부실화를 막을 수 있어 미국발 금융위기를 다른 국가보다 빨리 벗어날 수 있는 하나의 조건을 제공했다는 평가를 받을 수 있다. 또한 한미 FTA 협상을 제안하여 미국 시장 진출을 촉진시키는 계기를 제공한 것은 높이 평가를 받고 있다.

그때까지의 국민경제 부진을 극복해 달라는 요구로부터 출발한 이명박 정권은 출범하기가 바쁘게 발생한 미국발 금융위기에 재빨리 대응하여 다른 국가에 비해 비교적 빨리 극복했다. 이 정권이 비교적 빨리 세계적 금융위기를 극복할 수 있었던 것은 아시아 금융위기 때 축적한 노하우를 살려 외환시장을 잘 관리했을 뿐 아니라 미국, 일본, 중국과의 통화스와프를 체결함으로써 기존의 외화보유고에 더하여 추가적으로 900억 달러의 외화 보유벽을 쌓을 수 있었고, 기술한 바와 같이 노무현 정권에 의해 DTI와 LTV가 철저하게 지켜짐으로써 은행의 건전성을 보존할 수 있었다는 점 등이 종합적으로 작용한 때문인 것으로 생각된다. 나아가 미국과 EU로부터 시작된 세계적 경제 위기로 인해 이 시기 한국 경제도 활발했다고는 할 수 없지만 대기업을 중심으로 다른 나라에 비해 그런대로 경제를 안정시켜 간 것은 분명하다.

박근혜 정권의 출범은 일본 아베 정권의 출범과 시기가 같았다는 점이 정권 내내 불황에 시달리는 조건적 존재였다는 점에서 주목할 필요가 있다. 기술한 바와 같이 아베 정권은 출범 초기부터 엔저를 유도할 것이라는 신호를 보내고 있었고 이에 따라 한국 경제는 일본 엔저로 인해 불황에 시달려 왔다고 할 수 있다. 일본 엔화가 2012년 말 대비 2015년에 이르면 50% 가까이 평가절하되고 이로 인해 한국 수출품은 경쟁 상품인 일본 수출품에 비해 그만큼 가격경쟁력이 약화되어 직접적으로 수출이 축소되거나 수출을 위해 큰 폭의 코스트 절감 노력을 하게 되는데, 그러한 결과가 한국 경제의 경제 침체로 연결된 것이다. 울산, 창원 및 구미 등의 공업단지가 황폐하게 된 것은 그런 관계가 반영된 면이 적지 않다고 할 수 있다. 박근혜 정권 나름대로 경기 회복을 위해 많은 노력을 했지만 끝내 불황을 탈출하지 못한 것이다.

문재인 정권은 소득주도 성장정책의 기치를 내걸고 큰 폭의 최저임금 인상 및 근로시간 단축을 추진하게 되는데 이러한 정책은 한국 기업, 특히 영세기업이 감당할 수 있는 수준을 초과하기 때문에 적지 않은 영세·자영업자들이 임금 상승을 감당할 수 없어 도산 내지는 고용 인원을 축소하고 있어 심각한 구직난이 초래되고 있다. 또한 공정경쟁이란 이름으로 한국의 대표적 기업집단들의 경영활동 과정에 여러 가지 형태의 규제가 가해지고 있어 통틀어서 지금 한국 기업들은 활력을 잃고 있다고 하겠다.

2) 한국 경제의 특징적 현황

이상의 전개 과정을 통해 형성된 한국 경제의 몇 가지 현상적 특징을 정리해 보면 다음과 같다. 먼저 빈부 격차가 현저하다는 것이다. 한국 경제가 IMF 관리체제로 된 이후 대대적인 구조조정이 추진됨에 따라 부실기업들의 대량 퇴출, 부실하지 않은 기업들조차 잉여인력의 정리가 대규모로 실시되어 실업자가 급증했다. 이런 식의 구조조정이 중산층을 약화시켜 빈부 격차를 확대시킨 것이다. 그 이후 경제 회복과 더불어 어느 정도 개선되었으나 엔저에 제대로 대처하지 못하거나 소득주도 성장정책의 추진으로 최저임금 인상 등에 따른 한계기업들의 도산 등으로 인해 다시 실업이 크게 발생했고, 이로 인해 빈부 격차와 대량 실업의 문제가 중요한 정책 과제로 되어 있는 것이다. 최저임금 인상 및 근로시간 단축은 강성노조원들을 중심으로 한 일부 정규직 근로자들의 근로 환경은 개선시켰으나 수출의존도가 높은 한국 기업들에게 코스트 푸시 요인으로 작용하여 한국의 수출경쟁력을 크게 약화시켜 실업 증대에 더하여 기업들의 수익성을 약화시키고, 이에 따라 투자가 부진하여 심지어 해외 진출로 향하는 기업들을 속출시키고 있다. 중소기업 정책이 제대로 경쟁력을 높이는 정책을 실시하지 못하고 보호 정책에 급급해 왔기 때문에 대체로 취약성을 면치 못해 청년 실업자조차도 취업을 꺼리고 있어 국민경제 전체로서 취업난 속에서 중소기업 구인난이라는 모순을 발생시키고 있다. 공정경제라는 이름으로 대기업들에게 경영 행위에 여러 가지 제약을 가해 경영 역량을 발휘하지 못하고 있을 뿐만 아니라 4차 산업혁명으로 전환되는 과정에서 미국, 중국, 독일 및 일본 등에서는 가능한 원격진료, 셰어 이코노미 등 적지 않은 분야에 걸쳐 많은 규제와 기득권 단체 내지는 시민단체들의 저지에 의해 4차 산업혁명 분야에의 진출이 제약되어 통틀어 한국 기업들은 전체적으로 기업할 의욕이 극히 약화되어 있다.

5. 아베노믹스가 한국 경제에 주는 시사

아베노믹스의 추진으로 인해 일본 은행들의 경영 기반 약화, 그들이 목표로 하는 물가인상률 2% 달성의 실패, 계속적인 비정상적인 인위적 통화량 증가, 그 과정에서 국채의 지나친 중앙은행에의 집중 및 정부 자금에 의한 주가 지원 등 일본 경제에는 해결을 요하는 많은 문제점이 내포되어 있다. 그럼에도 불구하고 아베로 하여금 일본에서 최장수 수상을 가능하게 할 정도로 아베노믹스는 국민적 지지를 받고 있는 것은 부인할 수 없다. 여기서 한국 경제와 대비시켜 볼 때 무엇보다 일본인, 그중에서도 특히 기업인들이 그들의 경제적 미래에 대해 강한 자신감을 가지게 되었는 데 비해, 한국은 일반인은 물론 특히 기업인들이 자신감을 상실해버려 한국에서 투자 의욕이 없고 따라서 적지 않은 기업인들이 해외 진출을 구상하고 있는 것으로 전해진다. 일본 기업들이 자신감을 가지게 된 중요 요인은 말할 필요도 없이 엔저를 실현시켜 일본 수출품의 가격경쟁력을 높이고 이에 따라 이익 증가, 나아가 주가 상승이 결정적 요소라고 할 수 있다. 성장 전략과 관련하여 원격의료를 가능하게 했고 공유경제를 적극 추진하는 등 적지 않은 부문에 걸쳐 규제를 철폐했으며 도쿄 권역, 간사이 권역 등 주요 지역을 중심으로 경제특구를 지정하여 동 전략특구 내에서는 과감한 규제 완화를 실시했기 때문에 일본 기업들은 투자 확대를 적극화할 수 있었고 해외로 나갔던 기업들조차 줄지어 일본 국내로 유턴하고 있는 것이다.

그리고 일본 정부가 주도하여 EU와의 FTA 체결은 물론 TPP (Trans-Pacific Partnership, 환태평양경제동반자협정)를 출범시킴으로써 일본 기업들의 대외 활동을 보다 활발하게 할 뿐만 아니라 이미 오랜 시간에 걸쳐 아세안 지역에 왕성한 인프라 투자를 해 왔는데 여기에 더하여 이번에는 인도·태평양 지역을 중심으로 약 500억 달러를 책정하여 동 지역에 인프라 구축을 추진함으로써 일본 기업의 대외 활동을 뒷받침해 주고 있다.

이상에 걸쳐 아베노믹스의 틀에서 전개된 일본 정부에 의한 일련의 정책 전개는 일본 기업들로 하여금 자신감을 가지고 대내외 경제 활동을 적극적으로 하게 했는데, 이러한 활동은 일본 경제의 오랜 침체를 극복하고 일본 경제를 구직난 시대로부터 구인난 시대로 전환시키고 있다. 2012년 말 아베 정권의 출범과 더불어 아베노믹스라는 정책 틀을 가지고 지난 6년간에 걸쳐 추진된 정책의 성과는, 실업이 넘치고 경기침체에 빠져 들고 있는 한국 경제에 있어서는 적지 않은 시사를 받을 수 있는 것으로 생각된다.

6. 결언

한 국가에서 경제가 활성화되어야 경제 이외 다른 국가적 사업도 원활히 추진해 볼 수 있다. 경제를 활성화시키기 위해서는 미우나 고우나 경제 활동의 주체인 기업가들로 하여금 적극적으로 기업 활동을 할 수 있는 환경을 조성시키는 것 이외에는 방법이 없다는 것이 아베노믹스 사례에서뿐 아니라 미국 등 여타의 국가 사례에서도 명백하게 입증되고 있다.

지금은 4차 산업혁명 시대이고 이 대열에 효율적으로 동참하지 못하면 우리 경제가 지금까지 쌓아 온 것조차 제대로 지킬 수 없을 것이다. 4차 산업혁명의 추진 주체도 기업이다. 지금 그 어느 때보다도 기업들로 하여금 기업 활동에 전념할 수 있도록 경영환경을 조성시키는 것이야말로 경기침체의 극복과 경제 발전의 요체임을 명확히 인식할 필요가 있을 것이다.

5 장

일자리 창출 어떻게 할 것인가?

1. 한일 경제의 전개와 고용 사정의 차이

한국에서 고용 문제가 부각된 것은 한국 경제가 1997년 IMF 관리 체제로 되면서부터다. 한국 경제가 IMF로부터 구제금융을 받으면서 IMF의 요구에 의해 경제 안정화 정책과 부실 부문을 철저히 제거하는 강력한 구조조정이 추진된다. 이에 따라 금융, 산업 부문에 걸친 많은 부실기업이 대거 도산하거나 통폐합되는 과정에서 대량 실업이 발생한다. 이러한 변화를 겪으며 은행이나 대기업은 망하지 않는다는 인식이 사라졌으며 종래까지 관행으로 당연시되던 종신고용제도 철폐됐다. 이에 따라 비정규직이 20%대에서 35%까지 급증하고 정규직과 비정규직 간의 임금 격차도 확대되었다.

이러한 변화 과정에서 대기업과 중소기업 간의 협력 관계도 크게 약화되었으며 이러한 관계 변화는 중소기업의 경영 상태를 급속히 악화시켰다. 양자 간의 관계를 부연 설명하면, 종래까지 대기업과 중소기업 간의 협력 관계는 일본의 그것에 비해 현저히 약했다. 그러던 것이 1980년대에 접어들어 거듭된 엔고로 인해 일본에서 수입하던 소재·부품의 수입 가격이 급등함에 따라 대기업을 중심으로 소재·부품 중소기업을 계열·하청 기업으로 지정하여 자금 지원, 기술·경영지도 등을 베풀어 이들 중소기업의 경쟁력을 강화시키려 했다. 그러던 것이 한국 경제가 IMF의 관리체제 아래 놓이면서 대기업이 여력을 상실하여 양자 간 협력 관계가 급속히 약화된 것이다. 중소기업의 경영 악화는 당연히 고용 악화와 더불어 대기업 대비 중소기업 근로자의 임금 수준을 크게 떨어뜨렸다.

또한 대기업을 중심으로 한 제조 기업들이 생산성 향상을 위해 기계화·자동화를 추진했고 세계 경제의 급속한 글로벌화와 더불어 노동집약적 업종에서 중국 등 신흥국으로부터 수입이 늘어 이로 인해 도산하는 경우가 적지 않았는데, 이러한 측면도 실업 증대의 한 요인이 될 것이다.

한국 경제의 이러한 전개 과정을 통해 분배구조가 악화되고 중산층이 약화되어 갔는데, 이는 당연하게도 국내 수요를 축소시키고 고용흡수력을 위축시켰다. 참고로 IMF 이후 통계청 자료를 토대로 2인 이상 도시가구 가처분소득 기준 중산층 비중의 변화를 보면 1990년 75.4%, 2000년 71.7%, 2010년 67.5%로 나타났다.

종신고용제 폐지에 따라 일반 근로자의 경우 자동차, 조선 등 조립가공 대기업에서와 같이 강성노조가 있는 곳을 제외하면 대체로 정규직으로 종사하는 기간이 단축됐다. 연금제도는 정비되어 있지 않았는데, 고령화가 급속히 진행됨에 따라 저소득 고령층이 크게 확대될 수밖에 없었고 이들의 소비 억제 성향이 강해지면서 내수를 구조적으로 축소시키는 하나의 요인이 되고 있다.

대기업과 중소기업 간 임금 격차가 크게 확대되자 젊은 층의 취업활동은 대기업과 공공 기관에만 집중되고 중소기업은 외면받고 있어, 이 점도 청년 실업률을 높이는 하나의 중요한 원인이 되고 있다.

또한 종신고용제하에서는 기업이 저임금으로 신입 사원을 채용하여 OJT를 통해 생산성을 향상시키고 이에 맞춰 임금을 점진적으로 인상시켜 갔으나, 종신고용제가 폐지된 후에는 기업들이 경력 사원 중심으로 부족한 인력을 채용하고 있어 기업 중심의 OJT 등 사내 교육 투자가 감소하고 이러한 관계가 반영되어 신규 졸업자에 대한 노동 수요가 크게 줄어들었다. 이 점도 청년 실업 증가의 한 요인이 되고 있다.

2012년 11월에 일본 아베 정권이 출범하여 이른바 아베노믹스 정책을 추진하게 되는데, 정책 핵심인 통화의 대규모 양적완화 정책이 추진되고 이에 따라 2012년 대비 2015년의 엔화가치가 50%나 평가 절하된다. 이러한 엔화가치의 급격한 하락은 유사한 산업 구조로 인해 일본 기업과 경쟁 관계에 있는 한국 기업의 경영 상황을 크게 악화시켜 한국 기업은 투자 축소는 물론 종업원을 줄이는 구조조정을 단행하게 된다.

일본의 경우 기술한 바와 같이 아베노믹스 추진으로 엔화가치가 급속히 하락하고 이에 따라 일본 기업들은 수익이 증대되는데, 수익 증대가 투자 증대로 연결됨으로써 노동 수요를 크게 증가시켰다.

나아가 아베노믹스의 또 하나의 정책인 성장 전략의 일환으로 노동 시장 개혁이 추진된다. 종신고용제를 완화해서 고용 유연성을 높임으로써 기업들은 다양한 형태의 비정규직을 활용할 수 있게 되었다. 그리고 여성 노동력을 적극 활용하기 위해 보육 제도를 정비하게 되는데, 이에 따라 여성 노동력을 더 많이 확보하게 됨과 동시에 큰 폭의 보육사 수요를 창출했다. 또한 요양제도를 정비함으로써 가족 요양 필요에 의한 퇴사를 막아 노동력을 확보했고 노인요양사 수요도 창출하고 있다. 이러한 정책의 추진으로 일본의 경우 아베 정권 초기에는 정규직이 줄고 비정규직이 늘어나는 양상을 보였으나, 2015년 이후부터는 정규직 채용도 증가하기 시작했다.

2017년 5월에 출범한 문재인 정권은 수요 증대 정책에 역점을 두어 소득주도 성장정책을 추진하게 된다. 이 정책의 추진에 따라 2018년, 2019년 두 해에 걸쳐 최저임금이 30% 정도 인상되고 근로시간도 주 64시간에서 52시간으로 단축했다. 이와 같은 큰 폭의 최저임금 증대 및 근로시간 단축으로 정규직 근로자들의 근로 조건은 크게 개선되었으나, 이러한 조건을 감당할 수 없는 중소기업 및 자영업자는 도산하거나 종업원을 해고하는 사례가 늘어나서 실업률이 높아졌고 분배구조가 오히려 악화된 것으로 나타났다.

무엇보다 수출 주도적 경제 성장을 추진하는 한국 경제에 있어서 이러한 근로 조건의 변화는 한국 상품의 수출경쟁력을 약화시킨다. 이에 따라 기업들은 30~40대인 노동 인력을 축소시키고 있다. 정부는 그 대응책으로 재정 지출을 늘려서 고용률을 높이려 하고 있는데, 이러한 정책적 노력의 성과로 주 17시간 이하 또는 60세 이상의, 이른바 아르바이트성 고용이 크게 늘어나서 외견상으로는 고용증가율이 높아진 것으로 나타났다. 그러나 안정된 경제생활이 가능한 고용 인력은 오히려 축소됐다.

이러한 결과를 초래한 가장 중요한 이유는 소득주도 성장정책으로 인해 한국 수출품의 국제경쟁력이 하락했기 때문이다. 이러한 한국의 경우에 비해 일본은 최근 코로나 사태가 발생하기 전까지는 아베노믹스 정책의 추진 효과로 인해 수출경쟁력 강화는 물론 투자, 소비가 증가하고 이에 따라 항상적 구인난 상태를 유지하고 있었다.

2. 왜 한국은 취업난, 일본은 구인난인가

그러면 왜 한국은 취업난이고 일본은 구인난인가를 심층적으로 살펴보기로 하자.

1) 전략적 대응의 차이

2008년 미국발 금융위기가 발생하자 당시 FRB(미국 연방준비제도이사회) 의장이던 버냉키는 무너지는 미국 경제를 극복하기 위해 신속히 통화량의 무제한 증가 정책을 추진함으로써 미국 경제의 붕괴를 막음은 물론 오히려 착실히 경제 성장을 달성시켜 갔다. 미국 경제의 이러한 흐름을 지켜본 일본은 2012년 11월 아베의 등장에 따라 일본은행 총재에 구로다를 발탁해서 엔화의 획기적 양적완화 정책을 추진했다. 엔화가치를 2012년 말에서 2015년 사이에 50% 정도 평가절하되도록 유도해서 일본 수출품의 수출경쟁력 강화, 주가 상승, 소비 증가, 투자 증가를 이끌어냈고 일본 경제를 구직난 시대로부터 구인난 시대로 전환시켰다.

또한 일본은 여성 인력 활용을 위한 보육소 및 고령층을 위한 요양

소 건립을 확대하고 있는데, 이러한 대책은 내수를 증대시키는 대책이 될 뿐 아니라 이들 활동에 투입되는 노동 수요를 유발함으로써 일자리를 창출하고 있다.

한국의 경우, 일본의 큰 폭의 엔화가치 하락을 방치함으로써 해운, 조선 등의 산업에서 큰 폭의 구조조정을 야기했고 울산, 창원 및 구미 등 지역을 중심으로 실업자를 양산시켰다.

2) 고용유연성의 차이

아베 정권은 개혁 조치의 일환으로 기업들이 종신고용제에 구속받지 않고 필요에 맞추어 고용 기간을 신축적으로 운영할 수 있도록 하는 '고용의 유연성'을 제도화하고 있다. 이와 같은 고용 환경이 정비됨에 따라 비정규직을 중심으로 고용 수요가 급증하고 있다. 이렇게 되자 아베노믹스 정책의 추진 초기에는 비정규직 중심으로 노동 수요가 증대되었으나 2015년부터는 정규직 노동 수요도 증가하기 시작했다.

이러한 일본의 경우에 비해 한국 기업은 자동차, 조선 등 기간산업에서 강성노조가 쉽게 해고할 수 없게 하는 고용경직성을 강하게 견지했다. 이로 인해 비정규직 일자리의 채용 기회가 그만큼 억제되었다. 이렇게 되자 국내 기업들은 국내 투자보다 해외 투자를 늘리려는 경향을 나타내는 데 비해, 해외 기업들은 한국에로의 투자를 억제하는 경향을 나타내고 있다. 일본의 경우 고용유연성으로 인해 구인난하에서도 임금 수준에 큰 변화가 없고 노동생산성 대비 임금 수준이 상대적으로 낮은 것으로 나타나고 있는 데 비해, 한국의 경우는 강성 노조로 인해 높은 실업률 속에서도 고임금 구조가 정착된 것으로 나타나고 있다. 결과적으로 일본은 상대적 저임금과 장기근속 경향을 보이는 데 비해, 한국은 상대적으로 고임금을 받는 대신 근무 기간은 일본에 비해 많이 짧은 것으로 나타나고 있다.

3) 사회보장 시스템의 차이

한일 양국 모두 고령화가 진행되고 있으나 일본이 한국에 비해 보다 앞서 고령화가 시작된 이유도 있어 한국보다 사회보장제도가 잘 정비되어 있다. 일본 고령층이 보다 계획적이고 안정된 소비 패턴을 보이는 데 비해, 한국의 고령층은 소득이 불안정한 상태라 소비를 극도로 억제하는 패턴을 보이고 있다. 이 점은 한국의 내수 산업을 위축시키고 그에 따라 고용 축소를 가져오는 하나의 요인이 되고 있다.

4) 중소기업 경영안정성의 차이

한일 모두 대기업에 비해 중소기업 수가 압도적으로 많다. 또한 대기업이 고도로 자본집약화되어 있는 데 비해, 중소기업은 상대적으로 노동집약화되어 있다. 이런 이유로 한일 모두 고용 수요자로서의 중소기업 역할이 크다. 그런데 일본 중소기업은 경영안정성이 높고 대기업 대비 중소기업의 임금 수준도 한국보다 높아 평생직장으로서 보다 선호되고 있다. 한국은 중소기업을 평생직장으로서 받아들이는 경향이 명백히 약한데, 한국 중소기업 종업원의 이직률이 일본 중소기업보다 월등히 높다는 사실이 이 관계를 단적으로 나타내고 있다.

5) 생산인구 감소 시작의 차이

일본은 이미 생산인구가 감소하기 시작하여 신규 채용이 증가하는 경향을 나타내고 있는 데 비해, 한국은 최근에 이르러 생산인구 감소 경향을 보이고 있으므로 생산인구 감소에 의한 신규 채용 증가도 수년 후에 나타날 것으로 예상된다.

일본은 베이비붐 세대를 중심으로 한 베테랑 기술자의 퇴출에 따른 생산성 하락에 대비하기 위해 여러 가지 형태의 기술교육 시스템을 정비해서 체계적인 기술교육을 실시하고 있으나, 한국의 경우는 예산 제약 등으로 이러한 노력이 극히 미비한 수준에 그치고 있다.

3. 일자리 창출, 어떻게 할 것인가

1) 불평등 분배구조의 시정이 내수 확대책이다

최근 여러 국가들의 경제 성장 흐름을 지켜보면 경제 성장의 고용 증대 효과는 미미하다는 것을 목격하게 된다. 그렇게 되는 요인을 살펴보면 기업들이 성장, 발전을 위해 고도의 경영 합리화를 추진하고 자동화를 추진하고 있는데, 이러한 노력은 결과적으로 기업 성장이나 경쟁력 강화는 달성시키지만 고용은 오히려 축소시키는 경우가 적지 않다. 지금 대대적으로 추진되고 있는 4차 산업혁명의 경우도 고용은 오히려 축소시킬 개연성을 내포하고 있다.

결국 소비수요 증가에 의한 내수 확대를 통해서 관련 산업을 발전시키고 이를 통해 고용을 증가시켜야 한다. 이때 내수 확대의 중요한 걸림돌이 심각한 불평등 분배구조다. 한 나라의 분배구조가 왜곡되어 있을 때, 고소득자는 자국 제품으로 만족하지 못하고 고급 해외 제품 지출을 늘리고 저소득자는 저소득으로 인해 국내 제품에 비해 값싼 중국산과 동남아산을 선호하게 된다. 결국 그만큼 내수를 축소시키고 이에 따라 고용을 축소시킨다.

정규직과 비정규직 간 임금 격차 해소도 시급하다. 정규직 대비 비정규직의 임금 수준이 EU가 80%이고, 일본이 60%대인데 한국은 50%대이다. 비정규직의 임금 수준을 정규직의 80% 수준까지 높일 수 있다면 소득 불평등이 줄어들어 국내 소비가 증가하고, 이를 통해 내수 산업이 발전하여 고용 증가도 실현될 것이다. 이때 일거에 비정규직 노동자의 임금 수준을 정규직의 80%대까지 높이려고 들면 경영 압박이 발생해 오히려 지속적인 추진을 막게 된다. 임금 격차를 줄이는 접근 방법은 정책 당국이 비정규직 근로자들에게 체계적인 기술 연수를 실시함으로써 노동생산성을 향상시키는 것이다. 그렇게 되면 기업의 경영 악화 없이 점진적 임금 인상이 가능할 것이다.

한국도 머지않아 베이비붐 세대가 생산 현장을 떠나게 되어 있어 기술·경영의 공백으로 인한 경쟁력 약화가 예상된다. 이 사태를 미연에 방지하기 위해서라도 정책 당국이 산업계와 연계하여 전국적 규모의 '기술교육훈련센터'를 만들어 체계적으로 현장 중심의 전문적, 실전적 기술교육을 실시함으로써 고급 기술 인력을 대대적으로 확충하는 것이 시급히 요구된다.

종래까지는 조립 대기업을 중심으로 강성노조들의 조직화된 힘으로 노동생산성 이상으로 고임금을 받아 왔고, 하청 중소기업들을 후려쳐 부품 등을 싼 값으로 구매하여 수출경쟁력을 유지해 왔다고 할 수 있다. 그러던 것이 기술한 바와 같이 2018년, 2019년 두 해에 걸쳐 최저임금을 30%대 수준까지 인상하고 근로시간을 단축시켰는데, 이로 인해 자영업자 등 한계기업들이 도산하고 적지 않은 기업들이 구조조정에 몰림으로써 주 17시간 미만의 아르바이트성 근로자가 아닌 제조업을 중심으로 한 안정된 일자리는 크게 축소됐다. 최근 정부의 정책적 지원에 의해 다소 개선되고 있다고는 해도 본질적으로는 빈부 격차를 오히려 확대시키고 내수를 축소시킨다고 봐야 한다.

2) 중소기업의 경쟁력 강화를 통한 고용흡수력을 높여야 한다

기술한 바와 같이 중소기업은 대기업보다 압도적으로 기업 수도 많고 노동집약적인 이유로 고용흡수력이 월등히 높다. 그러나 우리나라의 경우 대기업에 비해 경쟁력이 낮고 경영 불안으로 인해 대졸 취업준비생들이 중소기업 취업을 기피하고 있는 실정이다. 이 실태를 극복하고 중소기업의 고용흡수력을 높이기 위해서는 중소기업의 경쟁력을 높여야 한다. 그러기 위해서는 지금과 같은 보호 정책 일변도의 중소기업 정책을 지양하고 경쟁과 보호를 병행함으로써 경쟁력 있는 중소기업을 늘리고, 경우에 따라서는 동종 업종 간 통폐합을 통해 중견 기업으로 유도하는 노력도 해야 한다. 그렇게 되면 중소기업의 경영안정성이 지금보다 높아지고 임금 수준도 높아질 것이다. 자연스레 그러한 중소, 중견 기업은 보다 우수한 인력 유치가 가능해질 것이다. 또한 고용노동부와 공공직업 소개소 간 협력을 통해 기술 수준과 경영이 튼튼한 중소기업을 발굴하여 홍보하면 중소기업의 우수 인력 유치에 크게 도움이 될 것이다.

한국 경제에서 대기업은 이미 상당한 경쟁력을 구축하고 필요한 금융을 세계 시장에서 자력으로 조달 가능한 상태라고 할 수 있다. 중소기업만 선진국 수준으로 끌어 올리면 한국도 명실공히 구미, 일본 등 선진국과 대등한 수준의 선진 경제가 될 것이다. 그러기 위해서는 대학과 국책연구소의 연구 인프라가 중소기업의 연구개발 과정에 보다 더 활용될 수 있도록 하는 시스템을 정비해야 한다. 대학교수의 실적 평가에 '중소기업 기술개발 기여도' 부문을 논문 평가 수준까지 높이는 것도 한 가지 방안이 될 것이다. 그리고 중소기업에 대한 금융기업의 금융지원 과정에 있어서 중소기업의 기술력을 보다 정확하게 평가할 필요가 있는데, 그 평가를 금융기업에만 맡기지 말고 당해 국책연구소의 평가를 적극적으로 활용하는 시스템을 정립할 필요가 있을 것이다.

한국 수출에서 중소기업의 수출 비중을 지금의 30%대에서 50%까지 끌어올릴 수 있다면 한국 경제의 안정도는 지금보다 높아지고 고용 사정도 월등히 개선될 것으로 예상된다.

3) 창업지원센터 활성화를 통한 벤처기업의 확대

이미 각 도별로 대기업에 의한 '미래 글로벌 창업지원센터'가 설립되어 있는데, 이를 활성화함으로써 벤처기업의 출현을 증대시키는 노력이 필요하다. 벤처캐피털과 대기업 산하 기술연구소를 제휴시키면 벤처기업이 가진 기술력을 정확히 평가할 수 있어 자금 지원 여부나 지원 규모를 정할 때 정확성을 기할 수 있고, 법 정비를 통해 대기업으로 하여금 벤처기업을 쉽게 매입할 수 있도록 하면 벤처기업의 출현을 촉진하는 효과를 거둘 수 있을 것이다. 나아가 벤처기업은 기술력은 가졌어도 경영 능력과 마케팅 능력이 부족한 경우가 많으므로 대기업과의 제휴를 통해 이런 취약점을 쉽게 보완할 수 있을 것이다.* 대체로 벤처기업은 대기업에 비해 노동투입량이 많은 것으로 나타나고 있으므로 벤처기업의 활성화는 그만큼 고용 증가를 창출할 수 있다.

---

*최근 대기업에 의해 벤처캐피털을 창설할 수 있는 제도를 정비하고 있다.

4) 모델 커리큘럼을 통한 전문 인력 양성

일본에서는 다음과 같은 분야를 노동 수요가 급증하는 분야로 규정하여 커리큘럼을 통해 각 분야 전문 인력을 양성하고 있다. 식품·농림수산 분야는 6차 산업화 생산자, 의료·복지·건강 분야는 요양사 및 간호사, 패션 분야의 글로벌 전문 인력, 애니메이션 인재 및 만화가, 관광 플래너, 그리고 IT 분야에서 클라우드와 스마트폰 전문가 등이다. 한국도 일본의 접근 방식을 벤치마킹하여 노동 수요 증대 정책의 하나로 추진해 볼 필요가 있을 것이다.

5) 중소기업 인턴제 활성화

일본에서는 대학 재학생 및 졸업생이 중소기업에서 인턴 생활을 경험하도록 하는 제도가 운영되는 것으로 보인다. 이 제도를 통해 중소기업에게는 필요 인력을 활용할 수 있게 하고 대학생 인턴에게는 필요 기능을 습득하는 기회를 만들어 줄 수 있다. 우리나라는 취업난 속에서도 중소기업 취업은 기피되고 있어 중소기업이 필요 인재를 확보하지 못하고 있는 실정이다. 만약 중소벤처기업부가 중심이 되어 내실 있는 중소기업을 발굴해서 대학생들이 이들 중소기업에서 인턴 생활을 체험하게 한다면, 대학생으로서도 필요 기능을 습득하고 경우에 따라서는 취업 기회를 얻을 수 있을 것이고 당해 중소기업으로서도 필요 인재를 구할 수 있는 기회로 활용할 수 있을 것이다.

이 제도의 구체적 추진을 위해서는 중소기업 업계와 대학, 그리고 중소벤처기업부가 위원회를 구성하여 이 3자에 의해 추진 방법을 확정해서 추진하고 추진 중 발생하는 문제점을 보완해 가는 식으로 한다면 바람직할 것이다. 이 제도를 활성화하여 중소기업과 인턴 양측이 소기의 목적을 달성하도록 하면 청년들의 중소기업 일자리 창출에 크게 기여할 수 있을 것으로 예상되므로, 우리 정부도 중소기업 인턴제의 출범과 정착에 적극적인 노력을 기울일 필요가 있다.

6) 이노베이션 창출 인재육성 시스템

일본에서는 실천적 시야를 가진 이노베이션 창출 인재를 육성하기 위해 산학이 협력하여 산학 간 인재교류 시스템을 구축, 운영하고 있다. 이것은 대학생들이 이노베이션 창출 능력을 키울 수 있도록 실천적 연구 현장을 경험하게 하는 중장기 연구 인턴십 제도이다. 구체적으로 오른쪽 표와 같은 방식으로 복수 대학과 기업 간 이노베이션 양성 시스템을 구축하고 있다.

이 인재육성 시스템 구축을 통해 기대하는 효과는 이노베이션 창출 인재육성과 산학제휴 활동 및 산학인재 유동화를 촉진하는 것이다. 일본의 이러한 이노베이션 창출 인재육성 시스템은 대학생에게 무작정 벤처기업활동을 해보라고 하기보다는 벤처 창업에 필요한 노하우를 사전에 축적시킨다는 의미에서 우리도 시행해 볼 가치가 있을 것이다.

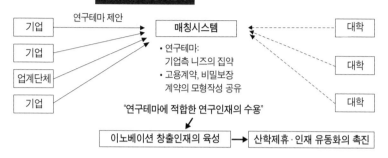

출처: 內閣官房, 『「若者·女性活躍推進フォーラム(若者部分)」及び「再チャレンジ懇談會」を通じて實現·推進が圖られた主要施策一覽』, 2014. 5. 8.

〈그림 7〉 일본의 이노베이션 창출 인재육성 시스템

7) 신규 졸업자 특화 직업소개소 설치

일본에서는 취업 활동을 하는 신규 졸업자에 특화된 '신규 졸업자 특화 직업소개소'를 설치, 운영하고 있다. 직업소개소의 주요 활동 내용은 다음과 같다.

- 전국 네트워크를 통해 풍부한 정보를 제공하고, 취업 희망자에 적합한 직업을 소개한 후 당해 중소기업과 연결을 알선한다.
- 직업 적성검사와 구직 활동에 기여하는 각종 '가이던스 세미나'를 실시하는데, 이러한 활동은 취업 희망자의 적성에 맞는 직장을 선택하게 함

으로써 취업 후 발생하는 빈번한 직장 이동을 사전에 예방해 보자는 것
이다.

－담당자를 정해 정기적인 구인 정보를 제공하거나 응모처 선정이나 취
업 활동의 추진 방법을 상담해 주거나 면접 지도 등을 해주는, 말하자면
당해 취업 희망자에 적합한 취업 지도를 해주고 있다.

청년 실업자가 많은 한국에 이러한 직업소개소를 설치, 운영한다
면 상당한 의미가 있고 성과도 거둘 수 있을 것으로 예상된다.

4. 요약

대체로 경제 성장과 일자리 창출은 상관성이 있으나 기계화, 자동
화의 추진으로 실현되는 이른바 '고용 없는 성장'의 경우가 얼마든지
있을 수 있으므로 일자리 창출에 집중된 정책 전개가 요구된다.

한국 경제는 가공무역 입국을 추진해 왔기 때문에 마크로적으로
볼 때 가격경쟁력을 유지하는 것이 고용 유지 및 증가에 절대적으로
중요하다는 사실을 경험적으로 확인할 수 있다. 일본의 아베노믹스
정책의 추진에 따라 엔화가 50% 정도 평가절하됐음에도 불구하고 원
화가치를 방치함으로써 울산, 구미, 창원 등을 중심으로 실업이 급증
했다. 또한 2018~2019년에 걸친 최저임금 30% 인상 및 근로시간 단
축으로 가격경쟁력이 하락하여 수출증가율이 계속 떨어졌으며 이에

따라 30~40대의 실업 증가를 목격했다. 수출의존적 한국 기업으로서는 생산성 이상의 임금 상승을 감당할 수 없어 구조조정을 할 수밖에 없었고 이것이 실업을 증가시킨 것이다. 따라서 마크로적 고용 유지를 위해 가격경쟁력을 확보하기 위한 정책적 노력이 요구된다.

경제 성장의 추진 과정에서 초래된 빈부 격차가 내수를 축소시켜 내수 산업을 침체시킴으로써 일자리를 줄이는 요인이 되고 있으므로 내수 증대를 위한 중요한 방법이 분배구조의 개선임을 알 수 있다. 이때 증세를 통한 일방적 소득 이전은 경제 성장 자체를 약화시킬 수 있으므로 경제 성장을 약화시키지 않는 분배구조 개선이 요구된다. 그 중요한 극복 방법으로 저소득층의 중심에 있는 비정규직 노동자들에게 체계적이고도 치밀한 기술교육을 실시함으로써 그들의 노동생산성을 높이고 이 높아진 노동생산성에 맞춰 임금 수준을 유럽 수준인 정규직 대비 80%까지 점진적으로 인상시켜 나간다면 분배구조의 개선은 물론 내수 증대 및 고용 증대에 크게 기여할 것이다. 일본에서 노동 개혁의 일환으로 동일 노동, 동일 임금 제도를 추진하고 있는데 우리도 이 제도의 정착에 주목할 필요가 있을 것이다.

중소기업은 기업 수가 압도적으로 많기 때문에 사실상 고용 주체라고 할 수 있는데, 상대적 저임금과 경영 불안정으로 인해 대졸자들로부터 기피 대상이 되고 있다. 따라서 지금과 같은 보호 일변도의 정책을 지양하고 경쟁을 통해 경쟁력을 갖춘 중소, 중견 기업으로 발전시켜 나가도록 해야 한다. 그렇게 되면 지금과 같이 노동생산성을 무시하고 최저임금을 인상시키는 것이 아닌 높아진 노동생산성에 상응한 높은 임금이 될 것이다. 그렇게 되면 경영 안정과 높은 임금을 동시에 실현하고 수출경쟁력도 제고하게 될 것이다. 그리고 강성노조의 힘으로 끌어올린 대기업의 임금 수준을 적절히 조절하면 국민경제 전체로서 수출경쟁력 강화와 고용 증대를 동시에 실현시킬 수 있을 것이다. 이때 일본에서 보는 것처럼 기술력과 경영안정성을 확보한 중소기업 실태를 취업자들에게 적극적으로 알리면 우수 인력을 중소기업에 대대적으로 끌어들이는 효과를 거둘 수 있을 것이다.

서비스 산업의 고용 창출 효과는 이론의 여지가 없는데, 선진국 수준으로 규제를 풀어 서비스업 비중을 끌어올린다면 고용 증가에 획기적으로 기여하게 될 것이다. 서비스업 규제 철폐에 대해서는 적지 않은 기득권 세력의 방해가 있는데, 이 문제 해결을 위해서는 예상되는 피해분에 대해 적절히 보상하는 방법 등을 적극적으로 강구해 보는 것도 하나의 대안이 될 수 있을 것이다.

비합리적 경제 정책 운영으로 발생한 사실상의 실업자를 단기 근로 아르바이트성으로 구제하지 말고 합리적 경제 정책 운영을 통해서 지금보다 높은 고용률을 유지할 수 있는 지혜가 절실히 요구된다.

6 장

한일 간 경제 난제 어떻게 풀 것인가?

트럼프 정권 등장 이래 국제 통상 질서는 보호무역주의 경향이 강해지고 있다. 그 일환으로 미중 무역전쟁은 세계 경제를 침체로 몰아가고 있고 그 영향이 한일을 위시한 동아시아 국가에 심각하게 나타나고 있는 것으로 보인다.

동아시아 국가에 미치는 미중 무역전쟁의 악영향을 완화시키기 위해 인도를 제외한 아세안 10개국과 한국, 중국, 일본 등 15개국이 참여하는 역내포괄적경제동반자협정(RCEP)을 출범시키기로 합의를 보고 있다. 그런데 RCEP가 기대 효과를 충분히 발휘하기 위해서는 경제공동체로서의 성격이 EU와 마찬가지로 자유시장 원칙에 입각한 것이어야 하고, 그러기 위해서는 역내에서 자유시장 원칙에 입각해서 통상 활동을 하고 있는 한일의 협력적 역할이 그 어느 때보다 크게 요구된다. 그런데 유감스럽게도 지금 한일은 양자 간에 경제 난제가 돌출되어 갈등을 야기하고 있다. 6장에서는 이 난제를 어떻게 풀어 한일을 협력 체제로 만들 수 있을 것인가 하는 문제의식을 제기해 볼 것이다.

1. 미중 무역전쟁과 한일 협력

트럼프 대통령의 출현과 더불어 '미국 퍼스트'라는 기치하에 보호무역주의가 강력히 대두되었고, 그 일환으로 미국의 무역 적자 발생에 가장 큰 영향을 미치는 국가인 중국과의 무역전쟁이 클로즈업됐다. 미국은 중국의 대미 무역 흑자를 축소시키기 위해 몇 차례에 걸친 관세율 인상을 통해 중국의 대미 수출을 줄이려 했고, 중국 역시 대응 조치로서 미국의 대중 수출품에 대해서 관세율을 인상해 갔다.

상대국에 대한 미중의 이러한 관세 인상 조치는 양국 수출액을 축소시키지 않을 수 없다. 이와 같은 미중 간 무역전쟁은 지금 트럼프 대통령의 차기 대통령 선거 전략상의 필요에 의해 스몰딜이 이루어지고 있지만, 결국에는 10년 이상에 걸친 지루한 전쟁이 될 것으로 예상된다. 미중이 세계 1, 2위의 경제 대국이라는 점으로 인해 미중 무역전쟁은 불가피하게 세계 경제를 침체로 몰아가고 있다. 그중에서도 한·일·동남아 각국 등 동아시아 국가들의 대중, 대미 수출을 급속하게 하락시킴으로써 동아시아 경제를 빠르게 침체시키고 있다. 여기서 한일의 대중 수출 하락 메커니즘을 살펴보면, 중국의 대미 수출품 속에 한국의 중간재, 그리고 일본의 중간재와 소재 및 장비 등이 크게 투입되고 있다. 미국이 중국으로부터의 수입품에 관세를 부과함에 따라 중국의 대미 수출이 줄어들고 있고, 대미 수출의 감소는 수출품에 투입되는 한일의 중간재, 소재, 장비의 중국 수출의 축소로 이어진다.

한편 중국의 대미 수입품에의 관세 부과와 더불어 미국의 대중 수출이 축소되면서 이에 따른 미국의 생산 침체는 한일의 대미 수출 축소로 이어지고 있다. 이와 같이 미중의 생산 침체는 대미, 대중에의 무역의존도가 높은 한·일·동남아 등의 수출 및 생산 축소를 가져오게 함으로써 이들 국가들의 경기를 빠르게 침체시키고 있다. 결국 한일 등이 경제 침체를 극복하기 위해서는 미중 의존적 경제 구조를 부분적으로 수정해야 한다. 바로 이러한 필요를 충족시키기 위해서 기술한 바와 같이 인도를 제외한 아세안 10개국과 한국, 중국, 일본 등의 국가들이 서둘러서 RCEP를 출범시켜 미중에의 일방적 의존을 줄이려고 하는 것이다.

주지하는 바와 같이 한일은 부존 조건의 특수성에 적합한 가공무역 입국 및 자유무역적 통상 정책을 추진해 왔기에 자유무역적 성격의 RCEP의 출범을 절실히 필요로 하는 것이다. 그런데 RCEP의 참여를 주저하는 인도는 물론이요 역내 경제 대국인 중국조차 경제 운영 과정에서 정부 주도적 성격이 강해 자유무역적 통상 관행을 정착시키지 못하고 있다. 자칫하면 RCEP가 자유무역적 통상 질서를 확립하기 어려울 수 있다는 점에서 한일 간에 더욱 긴밀한 협력이 요구된다.

그런데 유감스럽게도 최근의 한일 간 경제 난제의 발생이 긴밀한 협력을 어렵게 하고 있다. 따라서 한일로서는 미중 무역전쟁에서 비롯한 경제 침체를 극복하기 위해 명실공히 자유무역적 성격의 RCEP가 될 수 있도록 양국 간에 돌출한 경제 난제를 풀어내기 위해 적극적으로 지혜를 모아야 할 것이다.

2. 한일 간 경제 난제의 발생과 전개

그간의 전개를 보면 한일 경제 관계는 마크로적으로 상호 윈윈해 왔다고 할 수 있다. 외형상으로 볼 때 한국의 대일 국제수지는 항상 적자였고 최근에 이르러서도 경상적자가 200~250억 달러에 이르고 있다. 그러나 그 적자는 한국의 수출경쟁력을 높이는 데 필요한 핵심 부품, 소재 및 발전 설비 수입에 기인하고, 그들의 수입은 한국 경제의 발전과정에 꼭 필요한 요소라고 할 수 있다. 한편 일본으로서도 한국은 일본 비교우위 상품의 안정된 시장이다. 일본은 한국을 안정된 시장으로 만들기 위해 일본형 기술 및 일본적 생산 방식을 제공해 왔다. 그런 의미에서 양국 기업들은 서로의 이익을 충족시키는 관계로 발전해 왔다고 할 수 있다.

최근 들어 이런 한일 경제 관계에 큰 변화가 생겼는데, 이른바 상대국을 화이트리스트(수출 절차의 간소화)에서 제외한 일이다. 일본 정부는 일본 기업의 한국 수출에 통제를 가할 수 있게 되었고, 마찬가지로 한국 정부도 한국 상품의 일본 수출에 통제를 가할 수 있게 되었다. 양국 교역은 자유무역 관계가 아닌, 통제 가능한 관계가 되었다.

일본 정부가 한국을 화이트리스트 국가에서 제외한 배경을 살펴보면, 먼저 한국 대법원이 일본 기업에게 일제 강점기 때 한국 징용공에 가한 불법 행위에 대해 배상을 하도록 한 판결에 대한 불쾌감이라고 본다. 또한 현 한국 정부의 대북 정책을 불신하여 한국 기업의 대일 수입품이 북한에 흘러갈지 모른다는 불신도 작용했다. 나아가 한국의 급속한 산업 구조 고도화, 즉 산업 구조의 첨단 기술화에 대한 사전적 견제 조치로서 한국을 일본의 화이트리스트 적용 제외 국가군에 포함한 것으로 추측된다. 한국의 대일 화이트리스트 제외 조치는 일본의 조치에 대한 보복 성격이 강한 것으로 보인다.

2019년 7월 일본 정부에 의해 한국 반도체 생산에 필요한 핵심 소재 3품목에 대한 수출 규제 조치가 이루어진 이후 기술한 바와 같이 한국을 화이트리스트에서 제외할 수 있도록 하는 제도를 정비했고, 이러한 배경하에 일본의 대한 투자가 급감하고 일본 내 혐한 분위기가 급속히 확산되고 있다. 이러한 일본의 흐름에 맞추어 한국의 대일 경제 공격도 강화되고 있다. 한국도 일본을 화이트리스트에서 제외했고 일본 상품에 대한 불매 운동과 대일 관광객의 급속한 감소 등 반일 분위기가 빠르게 확산되는 양상을 보이고 있다.

3. 한일 경제 발전방식과 무역 구조

한일이 자국의 화이트리스트에서 상대방을 배제시킨 것이 양국의 경제 구조에 어떠한 영향을 미칠 것인가를 체계적으로 이해하기 위해서 먼저 한일의 특징적 경제 발전 형태와 그에 따른 한일 무역 구조를 살펴보기로 하자.

1) 일본의 특징적 경제 발전 형태

① 원세트형 산업 조직
한일 간에 형성된 특징적 무역 구조를 이해함에 있어서 지적해야 할 일본 경제의 독특한 측면은 일본 경제가 원세트(one-set)형 산업 조직으로 되어 있다는 것이다. 2차 대전 이전에 비해 느슨해지긴 했지만 미쓰이, 미쓰비시 등 일본의 대표적 기업집단들이 관련 산업을 중심으로 계열화되어 상호 의존 체제를 이루고 있다. 그 조직의 중심적 존재로 은행이 있고 유통 기구로서 종합상사가 있어서 그룹 내 상호 출자 비율이 낮아지고 있음에도 불구하고 대외 활동에 있어서 상대적으로 응집력을 강화하고 있다.

② 대기업과 하청 기업과의 협력 체제

특정 그룹이나 대기업 산하에 무수한 하청 기업이 존재하고 모기업과 자기업 간의 자본, 기술, 시장의 결속 관계가 있어서 외부에서 그 조직 속에 파고들기가 용이하지 않다.

2) 한국의 특징적 경제 발전 형태

한국의 경제 형태도 외형상 일본과 유사한 원세트형 기업 조직을 가진다. 다만, 한국 경제가 일본과 달리 해외자본에 크게 의존해 왔고 일본보다 더 짧은 기간에 산업 구조 고도화를 추진했기 때문에 한국의 기업집단은 집단 형성 과정에서 외국 그중에서도 특히 일본 기업과 자본과 기술에서 긴밀한 의존 관계를 형성했고, 결과적으로 해외자본 및 기술의존적 원세트 구조가 형성됐다.

대기업과 하청 기업과의 관계에 있어서도 계열·하청 구조로 되어 있으나 공정거래위원회에 의한 강한 압력으로 인해 모기업과 하청 기업 간에 자본 계열성이 약하고 기술개발 협력도 일본에 비해 약하다고 할 수 있다.

3) 한일의 특징적 무역 구조

한국의 경우 특정 산업을 비교우위 산업으로 발전시켜 감에 있어서 기본적으로 일본을 외부 경제로 삼아 한국에서 조달할 수 없는 것은 일본에서 조달해 왔기 때문에 결과적으로 자본재, 소재, 주요 부품의 일본 의존도가 크게 높아졌다.

한국은 비교우위 산업을 발전시킴에 있어서 당해 산업의 경쟁력을 높이기 위해서 국내외 가장 우수한 제품을 선택하려 했고 한국의 무역 구조는 비교우위와 비교열위가 선명해졌으며 이로 인해 무역의존도가 높아졌다. 이에 반해 일본은 가능한 그룹 내에서 조달하려 했기 때문에 일본의 무역의존도를 크게 낮추는 하나의 요인이 되었다. 한국도 산업 발전과 더불어 이들 산업 설비, 소재, 부품을 국내 대체화해 갔으나 각 시점에서의 첨단 기술 산업 육성에 있어서는 기술한 논리에 따라 발전설비, 소재, 중요 부품의 수입 비중을 높여 가지 않을 수 없었다.

한국의 비교우위 산업 제품이 일본으로 수출되나 일본의 원세트 구조 및 대기업과 하청 기업 간의 강력한 계열성으로 인해 일본 시장 침투가 쉽지 않다.

이상에 걸친 한일 경제 운영 형태의 차이가 반영되어 한국은 국제 무역 분업 구조에 편입되었고 이에 따라 높은 무역의존도를 나타내고 있다. 한편 일본은 국제 무역에 민감하면서도 수입에 관한 한 자국의 필요에만 접합시키는 경향이 강하게 나타나 무역의존도가 경제 규모에 비해 극히 낮다. 이러한 관계가 반영되어 한일 간에는 일본에 대한 흑자 구조가 정착되어 왔다고 하겠다.

4. 한일 간 경제 난제가 양국 경제에 미치는 영향

1) 한국 경제에 미치는 영향

기술한 바와 같이 한국 경제의 운영 방식이 자유시장 경제 원칙을 철저히 준수하면서 일본 경제를 외부 경제로 활용하여 발전시켜 왔기 때문에 비록 대일 경상수지는 적자가 확대되어 왔지만 한국의 인적, 물적 경영자원을 최대한 효율적으로 활용함으로써 비교적 성공적으로 대외지향적 성장정책을 추구할 수 있었다. 금번에 일본이 한국을 일본의 화이트리스트에서 배제한 것은 일본의 대한 무역이 사실상 일본 정부의 정책적 선택에 종속된다는 것을 의미한다. 그 선택 여하에 따라서는 장기적으로는 차치하고라도 단중기적으로는 한국 경제에 상당한 타격을 입힐 수도 있을 것이다. 특히 그 규제 대상이 반도체, 탄소섬유 등 고도의 기술집약적 제품일 경우 그 타격이 심각하기 때문에 한국 산업의 고도화, 기술집약화에 상당한 차질을 초래하게 될 것이다. 나아가 한일 관계의 갈등으로 양국 관계의 교역 즉 대일 수출이 축소되어 그만큼 경제성장률이 하락하고 이에 따라 고용도 축소되는 효과를 발생시킬 것이다.

한국과 일본은 산업 구조가 유사한데 양국 경제가 충돌하게 되면 이미 형성되어 있는 양국 간 서플라이체인(supply chain)이 이완, 붕괴되면서 제3국에서의 시장 확대를 위한 한일 간 경쟁이 치열해지지 않을 수 없고 결과적으로 과당경쟁으로 인해 한일 양국 모두 교역 조건이 악화되고 실질소득이 하락할 것이다.

한국의 대표적인 산업인 반도체 산업의 경우, 부품, 소재, 장비의 조달이 원활히 되지 않아 생산 차질이 생기는 틈을 이용하여 중국이 당해 산업을 발전시킬 수 있는 기회를 얻게 된다면 한국 경제의 상대적 위축은 물론 자유시장 경제권도 위축되는 결과를 초래하게 할 것이다.

2) 일본 경제에 미치는 영향

한일이 상호간 화이트리스트에서 배제하는 조치를 취하게 되면 일본 경제에도 악영향이 미치지 않을 수 없다. 한일이 상호간 화이트리스트에서 배제한다는 것은 한일이 각각 다른 경제권을 형성해 간다는 것을 의미하고 이렇게 되면 일본으로서도 한국에서 누리던 일본 제품의 안정된 시장을 상당 부분 잃게 될 것이다. 한국 경제와 일본 경제 간의 일련의 관계가 약화되고 한국이 새로운 협력 관계를 모색하게 되면 일본으로서도 그간 자본, 기술, 직접 투자, 그리고 일본 특유의 기술·경영 방식의 투입에 의해 구축한 한국이라는 안정된 시장을 상당 부분 반영구적으로 상실할 것이고 그렇게 되면 일본 경제로서도 적지 않은 타격을 받게 될 것이다.

한국의 경우에서와 마찬가지로 제3국 시장에서의 경쟁이 한층 심화됨으로 인해 교역 조건의 악화를 가져오게 되고 이에 따른 실질소득의 하락이 불가피할 것이다.

한국도 마찬가지지만 일본도 소자 고령화가 급속히 진행되고 있어 이미 노동력 부족이 심각한데, 시간의 경과와 더불어 그 정도는 더욱 심화되어 갈 것이다. 그렇게 되면 산업 재편이 불가피해질 것이며 그에 따라 적절한 협력적, 보완적 상대를 찾게 될 것이다. 거리의 인접성이나 문화 수용성 및 노동질의 유사성으로 인해 가장 보완도가 높은 국가가 한국인데, 한국과의 협력 약화는 그만큼 공급 면에서의 성장 여지를 축소시키게 된다.

한일 다 같이 좁은 국토에 과잉 인구 그리고 지하자원 부족이라는 부존 조건의 특수성으로 인해 해외 시장지향적 가공무역 입국을 채택하여 경제를 발전시켜 왔다. 이러한 경제 발전방식을 추구하는 국가는 불가피하게 자유무역적 통상 질서를 선호하게 된다. 일본이 이번에 한국을 화이트리스트 국가에서 배제하면서 그 명분으로 안보상의 이유를 들고 있는데, 안보에 직결된 전략 물자 관리가 한국이 17위인 데 비해 일본이 36위에 지나지 않는다는 사실에서 알 수 있듯이 그 명분이 약하다. 결국 한국 대법원의 강제 징용자에 대한 배상 판결에서 비롯된 것이라고 볼 수 있는데 이 요인으로 한국을 화이트리스트에서 배제하기에는 설득력이 약하다. 따라서 이번 일본의 조치로 인해 일본이 스스로를 자유무역 질서 수호자로 자처할 명분이 약해졌다고 하겠다. 이 점도 이번 조치에 따른 일본의 피해 부분이라고 하지 않을 수 없을 것이다.

5. 한일 경제 난제의 해결 방향

1) 한국 독자의 대내적 해결 방향

한국 경제의 입장에서는 일본의 화이트리스트에서 배제되는 것을 기정사실화하는 경우는 말할 것도 없고, 설사 한국이 일본의 요구를 충족해서 화이트리스트에 복귀한다 하더라도 앞으로 또 어떤 상황이 발생할지 모른다는 점에서 그 대응책을 수립할 필요가 있다.

한국이 직면할 문제에 대한 대내적 접근 방향으로는, 일본으로부터 수입하고 있는 부품·소재 중에서 경제성을 살릴 수 있는 것을 중심으로 당해 부품·소재 생산 기업과 그 부품·소재를 필요로 하는 대기업 간의 강한 협력 체제를 구축하고 그 기반 위에서 정부가 자금 및 연구 인력을 지원하여 연구개발을 지속시켜 나가는 것이다. 이때 부품·소재를 개발, 생산하는 기업과 그 부품·소재를 필요로 하는 대기업 간에 출자를 가능케 함으로써 강한 이해공동체를 만들어야 한다. 그래야 대기업이 부품·소재 개발 과정에 적극 협력함은 물론 제품이 개발된 후에도 그 생산된 제품의 안정된 시장으로서의 역할을 충실히 할 것으로 생각된다. 그리고 개발 주체가 중소기업인 경우 비슷한 규모의 중소기업들로 하여금 경쟁시키고 통폐합을 유도하여 경쟁력 있는 중소기업이나 중견 기업화로 유도한다면 그만큼 기술 개발력을 높이게 됨은 물론 가격경쟁력도 높이게 될 것이다.

특정 대일 수입품 중 국내 개발 생산을 해도 경제성 확보가 용이하지 않는 경우는 대체 수입 국가를 선택하여 그들 국가로부터 수입하는 것도 적극 검토해야 한다. 이때 대체 수입국 기업과 그 부품·소재를 필요로 하는 국내 기업과의 협력 체제 강화는 말할 필요도 없다. 이 경우도 대체 수입국 기업과 한국 기업과의 기술 협력을 추진함으로써 명실공히 강한 협력 고리를 만들어야 한다.

2) 한일 간 이해 증대를 통한 경제 난제 해결

한국의 대내적 해결 방안은 일본으로부터 수입하는 경우에 비해 인적, 물적 자원의 효율적 활용이 되지 못하는 경우가 많고, 가격 면에서도 불리할 수 있다. 또한 일본으로서도 한국의 대체재 선택으로 인해 기존 시장을 상실하게 됨으로써 한일 모두 바람직하지 못한 결과로 이어진다는 사실은 부인하지 못할 것이다. 그렇다고 하면 최선은, 말할 것도 없이 원래 상태로 되돌리는 것이다. 그러면 어떻게 원래 상태로 되돌릴 것인가? 나아가 어떻게 하면 지금과 같은 난제 재발을 방지할 수 있을까?

한일 간 예기치 않은 난제 발생은 한일 간 식민지 청산 문제와 관련해서 양국 간 국민감정이 쉽게 극복되지 못하는 데서 비롯되고 있다. 정치가들은 바로 이 국민감정을 적절히 선동하여 어려운 국면 타개나 특정 정치 목적의 달성에 이용하고 있는 것으로 보인다. 그런데 양국 간 경제 문제에 주목해 보면, 기술한 분석에서 명확히 알 수 있는 바와 같이 양국이 대립하면 단중기적으로는 한국에 큰 피해를 초래할 수 있는 여지가 크지만 중장기적으로는 일본도 적지 않은 피해를 입을 것이 명확하다. 반대로 한일이 협력하면 적지 않은 측면에서 양국의 경제 발전에 시너지 효과를 발생시킬 수 있을 것이다. 따라서 양국 간 경제 난제를 극복하기 위해서는 양국 전문가들로 하여금 한일 양국이 협력하면 구체적으로 양국에 어떠한 이익을 발생시킬 수 있는가를 객관적으로 제시하게 하고, 그렇지 못하는 경우 어떠한 피해를 발생시키는지를 구체적으로 제시하게 함으로써 양국 간 경제 협력이 왜 필요한가에 대해 국민적 공감대를 형성해야 한다. 이런 객관적 근거가 제시되면 강제징용 판결에 따른 양국 간 대립의 발생이나 화이트리스트 배제라는 정책 조치가 양국의 협력적 경제 발전에 얼마나 저해 요인으로 작용하는가가 분명해질 것이다. 따라서 양국 간 경제 난제를 극복하고 경제 협력을 도출하기 위해서는 양국 간 경제 협력의 경제 효과를 산출하고 이것을 양국 국민들에게 널리 알려 양국의 국민적 공감대를 만들어내는 작업이 시급히 요구된다.

이러한 접근을 위해 한일 재계와 한일 경제 전문가들로 구성되는 가칭 '한일 경제협력협의체'를 구성하여 이 협의체를 중심으로 한일 경제 협력의 이익과 필요성을 설득력 있게 작성하고, 한일 양 국민들에게 충분히 이해시키는 작업부터 할 필요가 있다.

나아가 한일 양국의 서플라이체인 속에 더 많은 양국 기업들을 편입시키고 또한 제3국에의 공동 진출을 확대하는 등 구체적인 한일 경제 협력 추진 방안을 제시한다면 양국 간 대립을 원천적으로 억제하는 효과를 거둘 것으로 기대된다. 이와 같이 한일 양국 간 경제적 협력 기반을 지금보다 한층 강하게 구축하면 반일이나 혐한 등의 바람몰이에 쉽게 흔들리지 않는 양국 간 관계가 구축될 것이다.

6. 결언

미국 트럼프 정권 출범 이래 세계 통상 질서는 엄청난 변화를 겪고 있다. 그중에서도 미중 무역전쟁은 세계 경제를 불황으로 몰아가고 있으며 중국은 물론이요 한일 등 동아시아 국가들까지 경기침체로 빠져들어 감을 목격하고 있다. 미중 무역전쟁이 일시적으로 휴전 상태이긴 하나 완전히 종식되기에는 상당한 시간이 걸릴 것으로 예상된다. 동아시아 국가들의 발전 구조가 기술한 바와 같이 고도의 미중 의존 체제이기에 미중 무역전쟁이 종식되지 않는 한 이 지역의 경제 상태는 더욱 침체되어 갈 것이 확실하다. 따라서 동아시아 국가들로서는 극복책을 적극적으로 모색하지 않으면 안 되는데, 하나의 방안으로 서둘러서 RCEP를 출범시키려 하고 있는 것이다. 그런데 중요한 것은 그 RCEP가 자유시장 원칙에 입각한 것이 아니면 미중 무역전쟁으로 인해 축소된 시장의 대체 효과를 크게 기대하기 어렵다는 것이다. 바로 이 점에서 이제 출범하려는 RCEP가 자유시장 원칙에 입각한 것이어야 하고, 이를 위해서 어느 때보다도 한일 협력이 요구되고 있다. 왜냐하면 한일은 역내에서 가장 자유시장 원칙에 입각하여 경제 활동을 하고 있는 국가이기 때문이다. 그런데 유감스럽게도 한일은 경제 갈등을 일으키고 있다. 1965년 한일 국교 정상화 이래 한일 경제 관계는 기본적으로 협력적 보완 관계로 발전해 왔다. 그렇기에 대립하면 한일 모두 다방면에 걸쳐 적지 않은 피해를 초래할 수밖에 없는 반면 협력을 강화하면 지금보다 더욱 윈윈할 수 있다. 한일 양국의 정치, 경제 리더들의 현명한 판단이 요구되는 대목이다.

기술한 바와 같이 한일이 각각 다른 발전 방향으로 가게 되면 단중기적으로는 한국에 큰 피해를 초래하지만 중장기적으로는 일본에도 적지 않은 피해를 초래할 수 있다는 점을 명확히 인식하고 실기하기 전에 한일 경제 협력 로드를 되찾아야 한다.

한일 경제협력의 필요성과 협력 방향

한일은 인접국이고 시장경제를 같이하는 국가이다. 7장에서는 이러한 양국이 지금보다 경제적 협력 관계를 강화할 경우 한일 모두 경제적 유리함을 창출할 수 있는지, 창출할 수 있다면 어떤 방향의 협력이 바람직한지를 논해보고자 한다.

7장의 논리 구성은 다음과 같다. 먼저 한일 간 경제 협력이 필요한가에 대한 논의의 토대로서 한일 경제의 기본 조건과 한일 경제를 둘러싼 통상환경을 점검해 본다. 그리고 한일이 경제 협력을 하면 협력하지 않는 경우와 대비하여 양국에게 어떤 이점이 있는지를 점검한다. 마지막으로, 한일 간 경제 협력으로 플러스알파를 창출하기 위해 어떤 방향으로 협력을 강화해갈 것인가 하는 방안을 제시해 보기로 한다.

1. 한일 경제의 기본 조건 및 통상환경

1) 한일 경제의 기본 조건

① 가공무역 입국형 경제 구조

한일 모두 좁은 국토, 빈약한 부존자원으로 인해 국내 시장과 국내 자원을 토대로 한 경제 발전 구조를 구축하지 못하고 해외에서 필요

7장은 2016년 10월 한일협력위원회에서 발표한 내용임을 밝힌다.

자원을 도입 후 가공하여 해외에 수출하는, 이른바 가공무역 입국형 경제 구조를 구축했다. 이러한 경제 발전 구조의 국가가 안정적으로 경제를 발전시켜 나가기 위해서는 끊임없이 기업 경쟁력을 높이면서 안정된 시장을 확보해야 한다.

② 자원의 해외 의존

한일과 같은 가공무역 입국형 경제 구조는 당연히 부존자원의 해외 의존도를 높일 수밖에 없다. 이 경우, 해외 자원을 어떻게 확실하고 저렴하게 확보할 수 있는가가 문제이다.

③ 한일 산업 구조의 유사성과 원세트형 산업 구조

한일 모두 자동차 산업, 전자 산업, 철강 산업 등에 걸쳐 유사한 산업 구조를 가지고 있고, 관련 산업을 망라하는 대규모 기업집단을 구성하는, 이른바 원세트형 산업 조직이 주도하는 경제라는 공통성을 가진다. 한일의 유사한 산업 구조 및 산업 조직은 자칫 제3국에서의 과당경쟁으로 치닫기 쉬운 개연성을 가진다.

④ 한국의 남북 대립 구조와 일본의 빈번한 지진과 쓰나미

한국은 남북이 대립하고 있어 안정된 공급 기지를 구축하기에는 불안하며, 일본 역시 잦은 지진과 쓰나미로 안정된 공급 기지를 구축하기에는 취약한 조건이다.

⑤ 한일의 풍부한 인적자원과 그 이질성

한일 모두 교육 제도 및 인재 양성 제도 정비로 인해 타 지역에 비해 인적자원이 풍부한 편이라고 할 수 있다. 한편 양국 청년의 외국 유학 비율에서 알 수 있듯이 인적자원의 지향하는 바가 다르다. 한국 청년이 해외 진출에 적극성을 보이는 데 반해 일본은 상대적으로 대내 지향성이 강한 것으로 평가되고 있다. 또한 일본 청년의 사물에 대한 접근 방식이 치밀하고 신중한 데 반해 한국 청년은 상대적으로 순발력이 빠르고 행동적이라는 평가를 받고 있다.

2) 한일을 둘러싼 통상환경

① 미국·유럽을 중심으로 한 보호주의의 대두

미국 트럼프 대통령은 TPP 체결을 거부한 바 있고 심지어 한미 FTA조차 파기하겠다고 할 정도로 강한 보호주의 색채를 보이고 있다. EU 또한 브렉시트에서 볼 수 있는 것처럼 자국 중심주의가 강화되는 분위기다. 그들의 이러한 움직임의 배경은 결국 뉴이코노미(주주자본주의) 등장 이후의 대폭적인 구조조정에 따른 중산층 약화에 기인한 것이라고 할 수 있는데, 특단의 대책이 없는 한 그 흐름이 쉽게 바뀔 것으로 보이지 않으므로 시장의 대외 의존성이 강한 한일 경제로서는 극복해야 할 중요 과제라 하겠다.

② 큰 폭의 구조조정이 요구되는 중국 경제

중국 경제가 한일 경제에 있어 큰 비중을 차지한다는 것은 말할 필요도 없다. 그런 의미에서 한일 경제로서는 중국 경제와 안정된 교류를 유지해 가는 것이 매우 중요하다. 그런데 지금 중국 경제는 큰 폭의 구조조정을 필요로 하는 중대한 국면에 직면했다. 후발국 중국 경제가 1980년대 이래 급성장을 이뤘고, 특히 2008년 미국발 금융위기 직후 큰 폭의 투자가 이루어져 세계 경제의 침체 극복에 기여한 점은 부인할 수 없다. 그러나 중국 경제가 흡수할 수 있는 수준을 초과하는 투자가 이루어져 철강을 위시한 적지 않은 산업 부문에 걸쳐 과잉 설비를 떠안게 되어 채산성이 떨어지는 덤핑 수출을 하고 있는 중이다. 큰 폭의 구조조정 없이 이대로 가면 당해 기업도 적자가 누적될 것이고 세계 시장도 교란될 것으로 예상된다. 또한 중국은 아직 시장경제가 정착되지 않아 교역 활동 과정에서 정책 당국의 자의적 행동이 적지 않아 교역 상대국을 당혹스럽게 하고 있다. 우리가 잘 아는 희토류 수출 금지가 그 예이다. 중국 경제가 한계에 다다라서 중국 당국이 큰 폭의 구조조정을 단행하고 자의적 조치를 취하는 경우 가장 큰 피해를 입는 국가는 중국 경제 의존도가 높은 한일 경제가 될 것이다. 충분히 예상되는 중국의 구조조정에 한일 경제가 어떻게 대응할 것인지가 관건이다.

브렉시트를 위시한 EU 경제의 움직임도 한일 경제에 적지 않은 영향을 미칠 것으로 예상되므로, 한일 경제로서는 공동 대응을 요하는 경우가 적지 않을 것이다.

2. 한일 경제 협력의 필요성

1) 한일 경제의 과당경쟁 구조와 교역 조건 악화

한일의 유사한 산업 구조 및 산업 조직의 존재는 한일의 대외 의존적 체질에 비추어 제3국에서 과당경쟁 구조에 빠질 수밖에 없다. UAE나 베트남 원자력 발전소 수주 경쟁에서 그러한 양상이 나타났는데, UAE에서는 한국이, 베트남에서는 일본이 각각 수주에 성공했으나 매우 불리한 조건을 감수할 수밖에 없었다. 한일 경제 간에 협력의 여지를 확대시킬 수 있다면 그만큼 과당경쟁에서 오는 교역 조건의 불리도 극복할 수 있을 것이다.

2) 자원의 공동 개발을 통한 경제적 합리성

해외 자원 개발은 보통 거대한 자본과 리스크를 수반한다. 기술한 바와 같이 한일 경제는 그 구조적 특성상 해외 자원의 안정적 획득이 필요하다. 한일이 공동으로 자원 개발에 나서면 리스크를 분담할 수 있을 뿐 아니라 한일에 걸친 안정적 수요 확보 등 적지 않은 면에 걸쳐 이익 창출의 여지가 클 것이다.

3) 공급 구조의 능률성 증대와 시장의 안정적 확보

한일 모두 대외지향적 성장을 추구하기 때문에 대외 경쟁력 증대와 안정된 해외 시장 확보가 절실히 요구된다. 따라서 한일이 하나의 경제권이 되고 이 기반 위에서 '시장 중심적 경제권'(TPP, 한미 FTA, 한·EU FTA)이 아닌 '동일 역내 중심의 경제권'을 확대시켜 나간다면 EU나 NAFTA에서 보는 바와 같은 규모의 경제 증대, 다양한 인적자원 활용 등 공급 구조의 능률성 증대, 그리고 필요 시장의 안정적 확보로 이어질 것이다. 이러한 성격의 경제권이 형성되면 각국의 비교우위 산업을 중심으로 생산요소가 재배분되고 그 결과 산업 구조 재편이 일어나 지금 한일 간에 보이는 과열된 경쟁은 눈에 띄게 완화될 것이며 한일 양국의 교역 조건도 크게 개선될 것이다. 또한 생산 입지의 자연스런 재배치를 통해 생산 활동의 리스크 분산을 꾀할 수도 있을 것이다.

3. 한일 경제 협력 방향

1) 산업 내 분업 확대를 통한 한일에 걸친 서플라이체인 구축

한일 기업 간 과열 경쟁과 이에 따라 초래된 교역 조건의 악화를 완화하는 방법은 한일 간 산업 내 분업을 확대하고 이 기반 위에서 한일 기업들이 각각 한일을 망라하는 서플라이체인을 구축하여 합리적 수준의 경쟁 상태로 바꾸는 것이다. 예를 들면 '한국'의 현대자동차와 '일본'의 도요타자동차가 경쟁하는 것이 아니라 한일이라는 하나의 시장 안에서 현대자동차, 도요타자동차, 닛산자동차가 경쟁하는 식이다. 이렇게 되면 각 기업의 인적자원 채용에 있어서도 한일을 망라하여 각 분야에 가장 적합한 인재를 뽑을 수 있어서 한일 각 기업은 지금보다 월등히 생산성을 높일 수 있을 것이다. 또한 시장을 한국과 일본에 각각 국한시키지 않고 한일을 하나로 하는 시장에 기반을 두는 것이 되므로 큰 시장에 의한 규모의 경제 효과를 실현시켜 경쟁력을 높일 수 있을 것이다.

2) 한일 주도로 동아시아 공동체 형성

북미의 NAFTA나 유럽의 EU와 같은 경제공동체가 동아시아에도 형성된다면 대외 경제 의존성이 강한 한일 경제로서는 역내 어느 국가보다도 경제적 혜택이 클 것이므로 한일이 주도하여 동아시아 경제공동체를 추진할 필요가 있다. 경제공동체는 역내 개별 국가의 자의적 행동이 억제되는, 다시 말해 시장경제 메커니즘이 주도하는 성격이어야 한다. 따라서 동아시아 경제공동체를 추진할 때, 역내 국가가 일거에 모두 참가하는 것을 전제로 하지 말고 정부 개입의 최소화와 시장경제 질서의 최대화와 같은 기본적 요건을 제시하고, 이 조건을 수용하는 국가를 중심으로 시작하여 점차 확대시켜 나간다면 무리 없이 합리적으로 형성해 나가게 될 것이다.

3) 한일에 의한 제3국 공동 진출

한일 경제 협력의 중요 형태로서 제3국 공동 진출의 적극적인 추진이 필요하다. 한국 기업이 일본 기업에 비해 상대적으로 현지 적응력이 빠르고 행동적인 데 비해 일본은 신중하고 치밀한 편이다. 이런 양국 기업의 특질이 제3국 공동 진출을 통해 상호 보완될 것으로 기대된다. 이미 자원 개발과 인프라 수출에서 일본의 치밀한 기획력와 자본력, 그리고 한국의 EPC[engineering procurement construction, 설계(engineering), 조달(procurement), 시공(construction) 등의 영문 첫 글자를 딴 말] 기술력이 결합되어 효율적인 성과를 낸 협력 사례가 다수 확인되고 있다. 협력 확대를 위해서는 한일 양국 정부의 적극적인 뒷받침이 요구된다. 동아시아를 중심으로 한일 기업의 협력에 의해 자원 개발과 인프라 수출이 대대적으로 추진된다면 그 자체로 동아시아 경제공동체 형성을 촉진시키는 효과가 발생할 것이다.

4) 한일 협력에 의한 중국의 시장경제화 유도

중국 경제는 큰 폭의 구조조정이 요구되고 있는데, 중국 경제는 이에 대한 대처의 일환으로 중국에 진출해 있는 외국 기업이나 중국과 거래 관계에 있는 외국 기업을 대상으로 시장 질서를 뛰어넘는 자의적 조치를 적지 않게 행하고 있다. 그리고 그 피해의 주 대상이 한일 기업인 경우가 많다. 부품 소재의 경우 아직은 한일 제품의 경쟁력이 높다고 할 수 있으므로 공동 대응하여 중국 정부에 시정을 요구한다면 개별 대응보다 효과를 높일 수 있을 것이며 이 과정에서 중국 경제의 시장경제화를 촉진시킬 수도 있을 것이다.

5) 인적자원의 데이터베이스화와 한일 기업의 자유로운 활용

한일을 망라한 기술·경영 인적자원을 데이터베이스화하여 한일 기업이 자유롭게 R&D 활동 등 기업 활동 과정에 활용할 수 있다면 한일 기업 모두 지금보다 높은 생산성을 실현할 수 있을 것이며 한일 관계도 지금보다 월등하게 긴밀한 관계로 발전해 나갈 것이다. 따라서 양국의 관련 기관이 협력하여 이 데이터베이스를 토대로 한 헤드헌팅 기능을 수행한다면 한일에 걸친 하나의 새로운 사업으로 발전시킬 수 있을 것이다.

6) 한일 간 표준화 추진

한일 간 KS마크와 JS마크를 일치시키는 등의 표준화를 추진하면 양국의 소비자들은 편리해지고, 한일은 하나의 시장으로 접근할 것이며, 규모의 경제 실현으로 경쟁력을 높인 기업은 동아시아의 주도 기업으로 성장할 가능성이 높아진다. 그리고 한일 간에 이루어낸 표준화가 세계 표준화로 발전할 수도 있다. 이러한 이점을 만들어내기 위해서라도 한일의 하나의 경제권화는 기대된다고 하겠다.

7) 한일 지역 간 교류와 SOC 정비

한국 남부 지방과 일본 규슈 지역 간, 그리고 한국 동해안 지역과 일본 호쿠리쿠 지역 간에 특별한 교류가 이루어지고 있는데 이들 지역 간의 교류를 더욱 촉진시키기 위해 양 지역 간 항공 노선 개설 및 해상 물류 시스템을 정비해야 한다. 지역 간 교류가 활발해지면 자연스럽게 양국 기업에 의한 제3국 공동 진출의 기회도 확대될 것이다.

8) 농업 부문에서의 한일 간 상호 투자

한일 양국 간 상호 개방과 교류에 가장 큰 걸림돌로 작용하는 분야가 농업 부문이다. 양국의 농업 부문이 취약하기 때문에 양국 정부가 강한 보호 정책을 취하고 있다. 농업 문제를 푸는 방법으로는, 일본의 우위 부문에 한국의 당해 부문 종사자가 투자하고 한국의 우위 부문에는 일본의 종사자가 투자하게 하는 것이다. 이렇게 하면 한국과 일본의 우위 부문은 다 같이 발전하게 되고 열위 부문 또한 우위 부문에의 투자를 통해 이익을 보기 때문에 한일 간 농업 개방화에 대해서 강한 저항을 보이지는 않을 것이다.

9) 첨단 기술 공동 개발

유럽에서는 1985년 이래 유레카(다자간 공동기술 개발 지원) 프로그램을 운영하고 있다. 신소재, 생명과학, 로봇 등의 첨단 기술 공동 개발을 지원하고 있다. 한일 간에도 양국 정부의 자금 출연에 의한 한일판 유레카 프로그램을 만든다면 구미 국가들과의 첨단 기술 개발 경쟁에서 한결 유리할 것이다.

10) 기타

그 밖에도 한일 간 통화스와프의 확대나 환경 문제에의 공동 대응도 비슷한 논리로 한일 관계의 긴밀화에 기여할 것이다.

4. 한일 경제 협력 방향

이상에 걸쳐 왜 한일 간 경제 협력이 필요하며 구체적으로 어떤 방향으로 협력해 갈 것인가를 살펴보았다. 이러한 논의를 좀 더 심도 있게 하여 한일 경제 협력이 일정한 성과가 생긴다면 양국 정부도 적극적으로 정책적 환경 조성에 나설 수밖에 없을 것이다. 따라서 7장에서 한일 간 협력의 필요성과 협력 방향을 제시해 본 것인데, 이 제안이 양국 경제 발전에 도움이 된다고 판단되면 양국 정부도 적극적으로 뒷받침하는 것이 유리할 것이다.

8 장

코로나 사태와 한국 경제의 대응

1. 머리말

코로나 사태는 국민 건강을 심각히 위협하고 있을 뿐 아니라 국민 경제에도 엄청난 악영향을 미치고 있어 그 대응책이 시급히 요구되고 있다. 8장에서는 코로나 사태에 따른 심각한 경기침체에 어떻게 대처해 갈 것인가를 살펴보기로 한다.

한국 경제는 코로나19 발생 이전에 이미 경기침체 상태에 빠져 들고 있었는데 코로나19 발생으로 인해 더욱 악화되어 KDI는 2020년의 경제성장률을 마이너스 1.6%로까지 예측하고 있다.

이러한 침체를 극복하고 안정적 성장을 위해서는 어떠한 대응책이 요구되는가? 대응책을 제시하기 위해서는 코로나 사태 이전에는 왜 한국 경제가 침체되기 시작했고 코로나19의 발생으로 왜 경제 침체가 가속되고 있는가를 살펴봐야겠다.

2013년 초 박근혜 정부가 출범할 때, 거의 같은 시기인 2012년 11월에 출범한 일본의 아베 정권에 의해 이른바 아베노믹스 정책이 추진된다. 아베노믹스 정책에서 특히 한국 경제에 문제가 되는 것은 이른바 통화량의 양적 팽창 정책이다. 아베 정권은 출범하기에 앞서 이미 통화량의 급속한 양적 팽창 정책을 추진할 것을 천명하고 있었고 이로 인해 일본 엔화가 아베 정권의 출범과 더불어 평가절하되기 시작한다. 주지하는 바와 같이 한일은 산업 구조의 유사성으로 인해 국제 시장에서 극히 경쟁적인 관계에 있다. 따라서 원화 대비 엔화가 평가절하되면 한국 수출품의 가격경쟁력이 약화되고 반대로 원화 대비 엔화가 평가절상되면 한국의 수출이 크게 신장되는 것을 이미 여러 차례 경험했다.

2013년 대비 2015년의 엔화가치가 원화 대비 50% 정도나 평가절하되었음에도 한국의 통화 정책 당국은 제대로 대처하지 못함으로써 울산, 창원, 구미 등 한국의 대표적 산업 단지에서 대량 실업을 발생시키고 경기침체를 노정하기 시작했다. 거기에 더하여 문재인 정권의 출범과 더불어 소득주도 성장정책이 추진되어 2018년, 2019년 두 해에 걸쳐 임금 수준이 30% 정도 급증하고, 근로시간도 주 52시간제가 경직적으로 채택됨에 따라 한국의 수출경쟁력은 급속히 하락하여 경기침체가 가속화된 것이다. 바로 이러한 환경하에 있는 한국 경제에 코로나19의 출현은 치명타를 안겨 주고 있다. 코로나바이러스는 그 전파력이 매우 높아 2020년 8월 중순 현재 세계적으로 2,100만 명에 가까운 확진자와 77만 명이 넘는 사망자를 발생시켜 한국 경제는 물론 세계 경제를 침체로 몰아가고 있다. 세계 경제는 이미 글로벌 시대에 들어와 있다. 한국 자동차 산업의 경우만 봐도 적지 않은 생산 공장을 해외 소비 시장에 설치했을 뿐 아니라 부품 생산도 임금이 싼 국가에 이전시켜 생산, 수입하는 등 고도의 합리적 생산 구조를 구축하고 있다. 그런데 여기에 코로나19의 출현으로 그 생산 구조가 작동하지 못해서 생산 중단 상태가 속출하고 있는 것이다.

이번 코로나 사태는 기술한 바와 같이 한국 경제에 국한된 문제가 아닌 세계적 문제로, 이에 따라 세계 통상 질서의 재편을 요구하고 있다. 곧 1980년 이후 급속도로 진행되어 온 글로벌리즘이 퇴색되고 1 국 중심 또는 소블록화로 재편되어 갈 것으로 보인다. 이 코로나 사태에 더하여 미중의 통상 마찰 또한 그 정도가 심각해서 세계 국가들로 하여금 미국과 중국으로부터 자기 쪽에 줄을 설 것을 강요하고 있는데, 미중에 대한 경제 의존도가 매우 높은 한국으로서는 더욱 심각한 고민에 빠질 수밖에 없다.

이러한 국내외적 경제 환경하에서 한국 경제는 어떠한 선택을 하여 안정적 성장 기조를 되찾을 수 있을까?

그런데 다행히 이 코로나 사태를 겪으면서 세계 경제 속에서 한국 경제의 몇 가지 강점이 발견되고 있다. 무엇보다 우리나라의 의료 기술과 의료 시스템이 여느 선진국 못지않다는 점을 확인하였다. 이미 미국은 물론 프랑스, 영국, 이탈리아 등 구미 선진국들이 코로나 확진 자와 사망자를 다수 발생시키고 있는 데 비해 우리나라는 상대적으로 매우 양호한 편이다. 그것은 우리나라의 평균적 의료 수준이 높다는 점과 의료 시스템이 상대적으로 양호하기 때문일 것이다. 가령 미국의 경우 의료 기술은 높아도 대중적 의료 접근을 가능하게 하는 오바마케어가 트럼프 정권에 의해 폐기됨으로써 서민이 고가 의료에 접근하지 못해 다수의 피해자를 발생시키고 있는 것으로 보인다. 유럽의 경우는 의료 가격은 저렴하나 사회주의적 시스템으로 운영되어 우수한 의사들이 고소득이 보장되는 미국 등으로 대거 빠져 나갔으며 예산 부족으로 의료 시설도 제대로 정비하지 못해서 급증하는 코로나바이러스 환자들을 충분히 대응하지 못한 것으로 보인다.

다음으로 한국이 다른 선진국에 비해 제조업과 서비스업이 상대적으로 균형적 발전을 유지하고 있다는 점이다. 적지 않은 선진국들이 고부가가치 서비스업에 편중된 발전 구조를 가지고 있어 중요한 시기에 필요한 의료 장비 및 시설을 충족시키지 못한 것으로 드러났다. 이에 비해 한국은 코로나 진단 키트에서 보는 것처럼 의료 장비 시설들이 상대적으로 많이 개발되어 국내 수요 충족은 물론이요 해외 수출도 급증하고 있는데, 이것은 상대적으로 충실한 제조업의 경쟁력이 정비되어 있기 때문에 가능한 것으로 평가되고 있다.

또한 5G, 핸드폰, 반도체 등 이른바 디지털 산업이 발전되어 있어 언택트, 즉 비대면이 요구되는 코로나 시대에 상대적으로 대응력을 높이고 있다. 따라서 우리나라가 상대적으로 강점으로 평가되는 이들 의료 장비 및 시스템을 잘 살리면 해당 장비의 수출은 물론이요 코로나 이후 의료 관광 산업 등을 발전시킬 수 있을 것이다.

2. 코로나 이후 한국 경제의 대응 방향

1) 국제경쟁력의 확보

문제는 지금 코로나 사태로 인해 수출이 부진한 면도 있지만, 기술한 바와 같이 코로나 사태 이전에 이미 국제경쟁력이 상당히 약화되어 있었다는 점이다. 저임금의 급증 및 근로시간의 단축으로 대표적 수출기업의 임금 수준이 노동생산성을 상회해 버려, 당해 제품의 채산성을 맞추기 위해서는 그 제품 생산에 투입되는 하청 업체들의 부품 및 소재 단가를 후려쳐 제품 가격을 맞출 수밖에 없었다. 그 결과 모기업 근로자들의 임금 수준과 하청 중소기업 노동자들의 임금 수준이 다른 경쟁국과 비교할 수 없을 정도로 현격한 차이를 보이고 있다. 요컨대 대기업 노동자들의 생산성 이상의 높은 임금 수준을 지켜주기 위하여 중소업체 노동자들의 임금 수준을 낮출 수밖에 없었다. 높아진 최저임금으로 인해 사업 현장으로부터 자영업체 종사자들이 대거 탈락하게 되어 한국 경제는 전체적으로 침체 상태에 빠져들고 있으며 수출경쟁력도 약화되고 있다. 문재인 정권은 민노총의 강력한 지원에 의해 출범했다고 생각하는 관계로 이 문제에 관해서는 무관심을 보이고 있으나, 수출경쟁력의 강화와 경기침체를 극복하기 위해서는 이 문제를 외면할 수만은 없을 것이다. 대기업 노동자들의 임금 수준을 생산성 이하로 유지하게 할 수 없다면 강도 높은 기술·기능 교육을 통해 그들의 노동생산성을 향상시키는 노력을 적극화하는 것도 하나의 해결 방법이다. 나아가 중소업체 노동자들의 기술·기능 교육을 통해 생산성 향상과 이에 따른 임금 상승을 실현시키는 노력도 경기침체를 극복하는 또 하나의 방법으로서 필요하다.

2) 큰 폭의 규제 완화

문재인 정권은 침체된 경기를 극복하는 방법으로 5G 인프라 조기 구축, 데이터 수집·축적·활용을 위한 인프라 구축, 의료·교육·유통 등 비대면 산업 집중 육성 및 도시·산단·도로·노후 SOC 등 국가 기반 시설 스마트화 등을 통해 대규모 일자리를 창출하는 등을 제시하고 있다.

일본이 아베노믹스 정책 추진 이전까지 오랫동안 토목공사형 경기 부양책을 추진했는데, 정책이 일시적인 효과로 끝나고 국가부채만 누적시켰다는 평가를 받고 있다. 그런 관점에서 문 정권의 경기부양책은 4차 산업혁명을 불러일으키는 인프라를 조성시키겠다는 성격을 띠고 있어 잘만 추진되면 지속적인 경기부양 효과를 조성할 수 있을 것으로 기대된다. 다만, 이러한 정책의 추진 과정에서 부딪치는 규제를 어떻게 극복할 것인가에 대한 아무런 설명이 없다는 점에서 성과를 의심하는 시각도 적지 않다는 점도 부인할 수 없다.

원격의료가 의사들의 반대에 부딪혀 한 발자국도 나가지 못하고 있으며, '타다'도 재판 승소에도 불구하고 택시업자들의 반대에 부딪혀 결국 좌절됐다. 또한, 개인정보보호법·정보통신망법·신용정보법

개정안을 일컫는 이른바 데이터3법이 2020년 1월 9일자로 국회 본회의를 통과했으나 행정부의 시행 세칙에 까다로운 규정을 둠으로써 실질적으로 사업화하기에는 용이하지 않게 되어 있다. 요컨대 규제의 존재나 공직자들에 의한 규제 적용의 까다로움 때문에 구미나 일본에서는 이미 실용화되고 있는 기술조차 한국에서는 기술의 현실적 적용이 무산되고 있으며, 국내에서 추진 못 하고 해외에 진출하여 사업화하는 경우가 적지 않은 실정이다.

그러면 이러한 장애를 어떻게 극복할 수 있을 것인가? 여기에 대처할 방안을 제시해 보면, 원격의료의 경우 그 실시로 인해 피해를 보게 될 것이라고 생각하는 의사들에게 일정 기간 피해 보상을 해 주는 것도 적극적으로 검토해 볼 만하다. 피해를 보는 의사들로서는 일정 기간 피해분을 보상받으면서 그 피해를 극복하는 방법을 적극적으로 모색해 볼 수 있는 것이다. 이번 코로나 사태의 경우에서 보는 바와 같이 국가적 입장에서는 원격의료 실시가 불가피하다. 또한 인구 감소로 인해 병원이 없어져 가거나 특정 질병에 적합한 전문병원이 없는 지역 주민들에게도 필요 불가결하므로 원격의료 시스템의 중요성은 늘어갈 것이다. 따라서 이러한 절충점을 찾아 원격의료의 추진을 모색해 보는 것도 검토해 볼 수 있다,

공직자의 소극성과 관련해서는, 공직자 업무평가 시 규제를 제대로 체크했는가보다 당해 기술의 사업화 실현에 평가가점을 보다 높게 줌으로써 규제에 매달리는 것을 극복하도록 하는 방법도 강구해

볼 가치가 있을 것이다.

4차 산업혁명의 추진은 국민경제 발전에 획기적인 성과를 실현시킬 수 있는 것이므로 비용을 다소 지불하더라도 적극적인 추진이 필요하다.

3) 산업 재배치와 해외 투자의 유치

우리는 이번 코로나 사태를 통해 경제적 효율성 못지않게 경제 활동의 안정성이 얼마나 중요한가를 확인했다. 해외에서 생산하고 있는 특정 부품을 확보하지 못해 특정 산업의 국내 생산 전체가 멈춰버리는 경우를 목격했기 때문이다. 따라서 어떤 경우에도 생산이 중단되지 않게 하는 대책이 필요하다. 이미 구미나 일본 등에서는 해외 생산을 자국 내로 다시 끌어들이기 위해 상당한 비용을 투입하고 있음을 적지 않게 목격하고 있다. 우리나라도 산업통상자원부를 중심으로 그 방안을 모색하고 있으나 다른 선진국에 비해 소극적인 것으로 평가되고 있어, 가능한 정책 수단을 동원하여 더욱 적극적인 노력을 해야겠다. 우리나라의 경우 해외로부터 유입되는 기업보다 국내 기업의 해외 유출이 월등히 많아, 경제 활성화는 물론이요 고용 기회를 크게 상실하고 있다는 문제가 지적되고 있다. 따라서 한국이 기업하기 좋은 나라가 되도록 함으로써 국내 기업의 해외 유출보다 해외 기업의 국내 유입을 증가시키도록 해야 한다. 그것이 국내 기업이든 해외 기업이든 국내 생산이 증가되고, 이에 따라 고용을 증가시키는 것이야말로 경기침체를 극복하고 경제를 활성화시키는 요체임을 명확히 인식할 필요가 있을 것이다.

4) RCEP 성립의 필요성

코로나 사태의 발생으로 사실상 글로벌리즘의 훼손이 확실시되고 미중 통상 마찰 격화로 미중이 각각 자국 중심으로 세계 각국을 줄 세우기 하려고 할 정도로 국제 통상 질서는 일대 변화를 맞고 있다. 한국 경제가 국제 분업 구조에 편입된 형태로 발전해 왔고 미중 무역의 존도가 높아서 안정된 국제 통상 구조의 구축이 시급히 요구되고 있음은 말할 필요도 없다. 한국은 미국, 중국 등 많은 국가들과 FTA를 체결하고 있으나 EU와 같은 역내를 기반으로 하는 안정된 공동 시장은 구축하지 못하고 있다. 더욱이 미중에의 통상 의존도가 특히 높은 한국으로서는 미중이 무역 충돌을 야기하면 통상 기반이 흔들릴 수밖에 없다.

지금 추진되고 있는 역내포괄적경제동반자협정(RCEP)의 체결이 하나의 대책이 될 수 있으므로 빠른 추진이 요망된다. 물론 동 협정의 체결만으로는 충분하지 않지만 한국이 체결한 기존의 FTA에 동 협정의 체결이 추가되면 한국 경제로서는 통상 면에서 상당히 안정될 것이다. 가공무역 입국을 추구해 온 한국 경제로서는 어느 나라보다도 안정된 해외 시장의 존재가 필요한데, 국제 통상 질서가 불확실할수록 가능한 한 역내를 중심으로 공동 시장을 구축하면 상호 의존성을

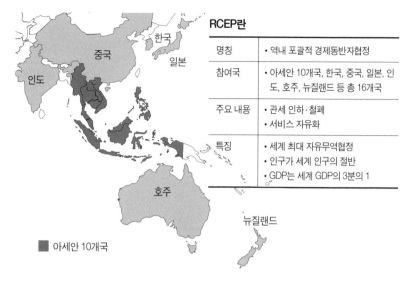

RCEP란	
명칭	• 역내 포괄적 경제동반자협정
참여국	• 아세안 10개국, 한국, 중국, 일본, 인도, 호주, 뉴질랜드 등 총 16개국
주요 내용	• 관세 인하·철폐 • 서비스 자유화
특징	• 세계 최대 자유무역협정 • 인구가 세계 인구의 절반 • GDP는 세계 GDP의 3분의 1

■ 아세안 10개국

출처: 한국경제신문, 2019. 11. 5.

가질 수 있으므로 자국 시장에 준하는 역할을 수행할 수 있을 것이다. 그런 의미에서 RECP 성립을 위해 보다 적극적인 노력이 요구된다.

5) 일본과의 경제 협력 강화

한국 대법원이 일본 기업에게 일제 강점기 때 한국 징용공에 가한 불법 행위에 대해 배상을 하도록 한 판결에 대한 불쾌감으로 일본 정부는 한국을 화이트리스트 국가에서 제외했다. 마찬가지로 한국도 화이트리스트 국가에서 일본을 제외하고 있다. 이와 같이 한일 양국의 통상 관계는 심각한 갈등 구조하에 있다. 그런데 주지하는 바와 같이 한일은 인접한 국가로서 가공무역 입국을 통해 경제를 유지하는 국가이다. 또한 양국은 글로벌리즘에 입각하여 세계적 서플라이체인을 구축하고 있으며 안정적 해외 수요를 필요로 한다는 점에서도 공통점을 가지고 있다. 바로 이런 공통점으로 인해 코로나 사태로 인한 국민경제의 피해도 유사하게 발생하고 있다. 바꿔 말하면 이런 공통성으로 인해 양국이 협력하면 한일 다 같이 경기 회복 및 경제 발전에 크게 도움이 될 것이다. 아래에서 양국이 협력하면 이익을 창출할 수 있는 몇 가지 측면을 지적해 보기로 한다.

첫째, 코로나 사태로 인해 한일 양국이 직면한 서플라이체인의 애로 사항을 양국이 상호 유무상통하면 상당한 부분을 극복할 수 있을 것이다.

둘째, 양국이 지금과 같은 갈등을 지속하면 부품 부문까지 똑같은 산업 구조를 갖게 된다. 한국으로서는 비능률적, 비경제적이더라도 무리해서 각 부품의 생산 시설을 정비하려 할 것이고, 그렇게 되면 결국 양국은 많은 부문에 걸쳐 과당경쟁을 하지 않을 수 없으며 교역 조건도 악화될 것이다. 양국은 그런 구조가 정착되기 전에 합리적 협력을 모색해야 할 것이다.

셋째, 미중 통상 갈등이 지속되면 아무래도 미중에의 무역의존도가 높은 한일이 가장 큰 피해국이 되지 않을 수 없다. 그것을 극복하는 하나의 방법으로서 역내 지역 경제공동체인 RECP의 성립을 필요로 하는데, 한일이 역내 어느 국가보다도 동 경제공동체가 필요한 입장에 있고 또한 동 경제공동체가 자유시장적 성격이 되어야 한다는 점에서도 한일 협력을 필요로 하는 대목이라 하겠다.

코로나 사태는 세계 경제에 미증유의 도전으로 일컬어질 정도로 심각한 악영향을 미치고 있으므로 한일은 지금과 같은 대립을 지양하고 경제적인 안정과 발전을 위하여 신속하고도 강력한 협력을 해야 한다.

3. 결언

최근 수년간 한국 경제의 체력이 약화된 상태에서 코로나 사태까지 겹쳐 지금 한국 경제는 매우 취약한 상태라고 할 수 있다. 그런데 한국 경제는 1960년대 이래 대외지향적 성장정책을 추구해 왔기 때문에 한국 경제의 체질 강화도 결국은 대외 경쟁력 강화에 역점을 두어야 한다. 그 일환으로 코로나 사태 이후 세계 통상 질서의 흐름을 예의 주시하면서 그 흐름에 최대한 접합시키는 발전 전략을 구사함으로써 경기 대책 및 경제 발전을 모색해야겠다.

경제위기 극복과 정책 제언

부록에서는 필자가 2014년 11월 이후 최근까지 언론에 기고한 기고문을 날짜 순서대로 정리했다. 1장~8장의 내용과 겹치는 부분이 있으나 동 기간 중의 이슈를 시간 진행 순서대로 훑어본다는 의미가 있겠다.

1. 한중 FTA 시대, 더 중요해진 한일 협력

2014. 11. 한국경제신문

중국과의 교역이 크게 확대되면서 상대적으로 일본과의 교역에 대한 관심이 약해지고 있다. 최근 자유무역협정(FTA) 협상을 타결한 한·중 협력 강화를 통해 일본과의 협력은 무시해도 좋다는 생각을 가진 사람들도 적지 않아 보인다. 한국 경제의 미래에 대일(對日), 대중(對中) 통상정책이 갖는 의미는 무엇일까.

일본과의 통상관계는 기본적으로 1965년 한일국교 정상화 이후 일본의 자본과 기술을 이용해 산업화를 추진하는, 다시 말해 한국 경제의 산업화에 일본 경제를 어떻게 활용할 것인가에 역점을 뒀다고 할 수 있다. 다행히 일본의 기술이 구미(歐美)의 매뉴얼화된 기술을 그대로 사용하지 않고 그 기술에 내재된 낭비 부문이나 비능률 부문을 제거한 이른바 '생산기술'로 발전시켰기 때문에 한국 제품의 대외경쟁력 강화에 유리하게 활용할 수 있었다. 한국 경제는 경공업화, 중화학공업화, 첨단산업화를 추진해 가는 과정에서 일본의 제도·기술·자본재에 대한 의존을 높여 왔다.

한국 경제가 발전하면서 일본과의 교역관계는 1960~70년대까지의 전형적인 수직적, 산업 간 무역관계로부터 점차 수평적, 산업 내 분업관계로 전환되고 있다. 한국 경제가 일본 경제를 상당히 따라잡은 것도 사실이다. 하지만 양국 사이에는 상당한 발전 격차가 있다는 사실 또한 부인할 수 없다. 한국 경제 발전 모형은 이처럼 일본의 발전 모형과 적잖은 유사성을 갖는다. 한국 경제 발전 모형의 연속성이라는 관점에서 볼 때 일본의 발전방식은 여전히 관심 대상일 수밖에 없다. 요컨대 일본과의 통상관계에서 제1의 관심은 한국 경제의 발전, 즉 선진경제화에 필요한 일련의 발전 인자를 어떻게 한국에 접목시킬 것인가라고 할 수 있다. 한일이 산업구조의 유사성으로 인해 제3국에서 과당경쟁하는 경우가 적지 않아 양국 모두의 교역조건이 악화되고 있는데, 이런 문제의 해결을 위해서라도 일본의 기술과 경영기법을 보다 적극적으로 활용해 한일 간 산업 내 분업을 확대시키는 것이 필요하다. 양국 간 산업 내 분업의 확대는 공동이익의 장을 넓히고 과당경쟁을 완화시키는 효과를 낼 것이다.

한일 양국 모두 좁은 국토에 자원빈국으로서 자원의 해외의존도가 높다. 자원을 해외에서 개발·수입하는 경우 여러 가지 형태의 적지 않은 리스크가 존재하는데, 한일 기업이 공동으로 개발·수입한다면 이런 리스크를 분담할 수 있다. 해외 인프라 수주 경쟁에서도 서로의 비교우위 분야를 감안해 공동 수주에 임한다면 당해 발주국에 대해 수주 조건을 유리하게 이끌 수 있을 것이다.

이와 달리 중국과의 통상 관계는 한국의 자본과 기술을 중국 경제에 접목시켜 이것을 지렛대 삼아 중국 시장을 파고들게 하는 일이다. 그간 이런 방법을 통해 한중 경제관계가 긴밀해졌다고 할 수 있다. 그런데 중국의 빠른 기술 흡수로 인해 그 구조가 도전받고 있다. 한중 통상관계의 핵심은 중국 산업구조의 전개를 정확히 파악해 한국 경제가 이 흐름에 적절히 대응함과 동시에 중국 소비자들의 소비 성향을 면밀히 분석, 시장 수요에 적합한 제품 생산을 하는 것이다. 나아가 중국은 아직 정부 주도적 경제 운영을 하는 면이 강하므로 정부 정책의 변화 방향도 주시해야 한다.

간단히 정리하면 한국의 대일 통상정책의 핵심은 한국 경제의 선진화를 위해 어떻게 일본의 앞선 기술과 제도를 활용하고 양국 간 합리적 분업을 구축할 것인가에 있으며, 대중 통상정책의 핵심은 어떻게 거대 중국 시장을 효율적으로 개척해 나갈 것이냐에 있다고 하겠다.

대외 통상정책은 무엇보다 '경제력 극대화'에 초점을 맞춰야 한다. 중국과 일본 두 나라의 경제 상황 및 한국과의 관계에 맞춰 통상전략을 유지해야 할 것이다.

2. 엔저 대책 없이 불황 극복 없다

2014. 12. 중앙일보

최근의 '제2차 엔저 공습'에 한국 경제는 무방비 상태로 보인다. 한 가지 분명히 해야 할 점은 아베노믹스가 성공할 것인지 실패할 것인지가 우리의 일차적 관심은 아니라는 것이다. 일본의 엔저 공세 앞에 한국의 주요 산업들이 무너지지 않도록 하는 것만이 우리의 관심사가 돼야 하고 여기에 우리의 지혜를 집중시켜야 할 것이다.

현재 엔화가치는 아베노믹스의 효과가 나타나기 시작한 2012년 10월과 비교하면 40~50% 정도 평가절하돼 있다. 한국 경제는 일본과 유사한 산업구조를 갖고 있다. 일본 상품 대비 한국 상품의 가격경쟁력 약화는 과거의 경험에 비춰볼 때 한국 경제에 상당한 타격이 되지 않을 수 없다. 수출의존도가 높은 한국 경제로서는 가격경쟁력 저하에도 불구하고 일정 수준의 가동률 유지를 위해 지금까지와 비슷한 수준의 수량을 수출할 수밖에 없다.

그렇게 되면 달러 표시 인건비 등 일련의 코스트가 엔저하의 일본 제품에 비해 높아지는데, 수출 시장은 완전 경쟁 시장에 가까운 관계로 제품 가격을 올릴 수 없는 게 현실이다. 따라서 제품을 수출하는 기업으로선 수익이 나지 않는 수출, 경우에 따라선 출혈을 동반하는 수출까지 감수할 수밖에 없다. 현재 한국의 평균적인 수출기업의 상황이 이렇지 않을까 한다. 이렇게 되면 국민총소득의 50%를 넘는 수출의존도를 가진 한국 경제는 전반적으로 악화되기 마련이다. 최근 한국 경제의 침체 상태는 바로 이러한 배경에서 비롯되고 있음을 알아야 한다.

수출기업들이 생존 차원에서 구조조정을 추진하면 개별 기업들은 정상화될지 모른다. 하지만 그 과정에서 인원 감축이나 임금 삭감이 수반될 것이고 한국 경제는 더욱 침체에 빠질 수밖에 없다. 또 지금의 세계경제는 미국, 일본, 유럽의 선진국들이 자국의 통화량을 무제한 발행해야 할 정도로 불황 상태에 놓여 있다. 한국 수출품의 시장의존도가 가장 높은 중국 경제도 경제성장률 예상치를 낮출 만큼 여건이 좋지 않다. 게다가 내년에 미국이 금리 인상을 단행하면 브라질·인도네시아 등 일련의 신흥국 경제가 달러 유출로 인해 갑자기 침체 상태에 빠질지 모를 살얼음판이다. 이렇게 되면 한국의 개별 기업들이 구조조정을 통해 경영상태를 정상화한다 해도 수출을 늘리기가 쉽지 않을 것이다.

이러한 국내외적 여건 아래에서 한국 경제는 어떻게 활로를 열어가야 할까.

물론 최근 정부가 추진하고자 하는 노동개혁이나 금융개혁 등 일련의 개혁정책들이 치밀한 계획 아래 착실히 추진돼야 한다. 하지만 그와 병행해 시급히 요구되는 대책은 강력한 정책수단을 동원해 현재의 원고 상태를 원저 상태로 유도해 엔저에 대응하는 것이다. 그렇게 하지 않으면 일련의 경제개혁을 추진하는 과정에서 자칫 개혁은 제대로 되지 않으면서 혼란만 야기되고, 이에 따라 경제가 한층 침체 상태에 빠져 더 이상 개혁을 추진하지 못하는 사태가 발생할 수도 있다.

흔히 한국 통화는 국제통화가 아니므로 통화량을 증가시켜도 원저 효과를 발생시킬 수 없다고 단정하지만, 반드시 그렇지만은 않다. 가령 우리도 일본 수준으로 통화량을 증가시킨다고 치자. 그렇게 되면 당연히 원화가치가 하락할 것이고, 해외에서 한국에 들어오는 달러와 엔화 등이 종래와 동일한 비율로 한국 원화를 구입하려 하지 않을 것이다. 또 우리와 무역거래가 많은 개발도상국과 원화—해당국 통화 간 통화스와프 거래를 하는 방법도 있다. 그들 국가 역시 원하는 한국 상품을 한국 원화로 구입할 수 있기 때문에 쉽게 거절하지 못할 것이다. 이 경우에도 한국의 통화량을 2배로 증가시킨다고 하면 개발도상국과의 화폐 교환비율도 종래와 동일할 수는 없을 것이고, 원화가치는 자연스레 평가절하될 것이다.

선진 각국의 중앙은행은 작금의 비상사태를 맞아 자국 경제의 생존, 안정, 발전을 위해 할 수 있는 모든 정책 수단을 강구하고 있다. 그런데 어떻게 된 것인지 한국의 중앙은행은 "사태를 심각하게 보고 있다", "예의주시하고 있다"는 식의 소극적 반응만 보여 답답할 따름이다. 자유경제를 근간으로 하는 미국, 유럽, 일본 등 선진 경제에서는 버냉키, 옐런, 드라기, 구로다 등 그 나라 중앙은행 총재 이름만 알려질 정도로 경제정책 중 금융정책이 강력한 정책수단으로 활용되고 있다.

그리고 이들 국가의 중앙은행 정책도 최근의 경제 환경 변화를 반영해 물가 안정에만 얽매이지 않고 경제 안정에 역점을 두는 쪽으로 바뀌고 있다. 이와 함께 경제 안정을 달성하기 위한 방법으로 양적완화라고 하는 비전통적 수법까지 대담하게 구사하고 있다. 이에 비해 한국의 중앙은행과 그 주변의 이론가들은 한국 경제가 상당히 침체 상태로 치닫고 있음에도 불구하고 종전의 정책 태도에서 이렇다 할 변화를 보이지 않고 있다.

이제는 한국의 통화 당국도 더 이상 예의주시만 하지 말고 선진국과 마찬가지로 국민경제를 안정시키기 위한 보다 적극적 행동이 요구된다.

3. 엔低 공세, 사업구조 재편 서둘러라

2015. 2. 한국경제신문

최근 급속한 엔화가치 하락세로 인해 일본 기업들이 가격경쟁력을 높여가고 있다. 반면 일본 제품과 경합하는 한국 기업들은 원고(원화절상)로 인한 가격경쟁력 약화로 수익성이 악화되고 있다. 한국 기업들은 어떻게 대처해야 할 것인가.

기본적인 방향은 기술이나 생산설비 등 기존 경영자원의 효율성을 극대화하는 것이다. 이를 위해서는 비효율적인 산업 또는 기업 간 통폐합을 통해 자원의 공동 활용을 촉진함으로써 규모의 경제를 극대화해야 한다. 일본의 경우 신일철(新日鐵)과 스미토모금속이 통합, 자원의 효율적인 활용은 물론 기술개발의 시너지 효과 창출, 효율적인 유통망 재구축 등이 가능해져 규모의 경제 효과를 극대화하는 데 성공했다.

다음으로 생산성이 취약한 산업이나 제품에 비효율적으로 사용됐던 기술과 생산설비 등의 경영자원을 보다 생산성이 높은 산업이나 제품 생산으로 이전시키는 선택과 집중 전략을 추구하는 것이다. 따라서 대대적인 사업 축소나 폐지가 불가피하다. 지난해 11월 삼성과 한화 간의 화학부문 거래는 그런 활동의 일환이라고 할 수 있다. 요컨대 각 기업의 핵심 영역에 경영자원을 집중시키고, 비(非)핵심 영역에 대해서는 타사와 제휴를 유도함으로써 산업 전체의 핵심 역량을 보강시키는 전략이라고 할 수 있다.

기업 간 통폐합을 추진할 때, 대기업 간 통폐합뿐만 아니라 중소기업 간의 통폐합도 적극 유도할 필요가 있다. 중소기업 간 통폐합은 중견기업 육성으로 이어짐과 동시에 중소기업의 충실한 연구개발(R&D) 활동으로 이어지는 효과를 거둘 수 있다. 중소기업 간 통폐합을 통한 경영자원의 효율적 활용은 중소기업의 인력난을 해소할 수 있을 뿐만 아니라 우수 인력을 확보할 수 있게 함으로써 중소기업의 생존력을 한층 더 높여줄 것이다.

기업 간 거래 구조를 간소화하는 것도 중요하다. 자동차 등 조립기업은 다단계 계열조직을 소단계 계열조직으로 재편시키는 작업이 필요하다. 이는 유통비용을 절감할 뿐만 아니라 계열기업의 통폐합에 따른 규모의 경제 제고, R&D 활동의 대형화를 달성함으로써 기술 개발력을 강화시키는 등 상당한 시너지 효과를 발휘할 것이다. 엔저·원고는 한국 기업들이 첨단 설비를 저가로 도입할 수 있는 기회도 될 수 있다. 급격한 엔저·원고를 계기로 노후 생산설비를 첨단 설비로 교체함으로써 노동생산성을 향상시키는 기회로 삼을 필요가 있다.

인적자원의 자질 향상을 위한 교육 투자도 요구된다. 노동의 질을 높임으로써 노동생산성을 높이자는 것이다. 이때 교육 투자는 비교열위 산업 부문을 제외한 고부가가치 부문에 집중시킬 필요가 있다. 왜냐하면 일본이 엔고를 극복하기 위해 전 산업부문에 걸쳐 철저한 합리화 대책을 추진한 결과, 흑자를 더욱 확대시켰는데 이런 활동은 결과적으로 내수를 축소시키는 요인이 돼 일본 경제를 침체에 빠지게 했기 때문이다. 따라서 한국 경제로서는 원고로 인해 발생하는 경영 악화를 극복하면서도 비교우위와 비교열위를 분명히 함으로써 조화로운 국제 분업구조를 갖도록 하는 것이 필요하다.

마지막으로 경기침체 과정에서 재생이 어려운 '좀비기업'과 같은 부실기업에 대해서는 발 빠른 구조 개혁을 단행해 경영자원 낭비를 최소화하는 노력도 추진해야 한다. 이런 노력은 은행의 부실을 사전에 차단하는 역할도 하게 될 것이다. 지금 한국 경제는 국제경쟁에서 생존·발전하기 위해 사물인터넷(IoT) 및 빅데이터 등 새로운 산업 분야에 대대적인 투자가 요구되고 있다. 한국 경제의 고도화를 위한 투자를 활성화하기 위해서도 산업조직의 재편을 통해 튼튼한 기업 기반을 구축해야 할 때다.

4. 韓·日 통화스와프 종료를 우려하는 이유

2015. 3. 한국경제신문

한일 관계 경색국면이 풀릴 기미가 보이지 않는다. 정치는 물론 경제 분야에도 냉기류만 흐를 뿐이다. 지난달에는 2001년부터 이어온 한일 통화스와프가 14년 만에 종료됐다. 지금은 한일 국교 수립 50주년을 기념하고 발전적인 50년을 향해 출발해야 할 시점이라는 점에서 더 답답하게 느껴진다.

한일 국교 수립 후 지난 50년의 한일 경제관계를 뒤돌아보면 한국은 일본으로부터 자본과 기술을 들여와 대외지향적 성장정책을 성공적으로 달성, 수출의 획기적 증대와 산업구조 고도화를 실현했다. 일본은 한국의 산업화 과정에 필요한 기자재와 원자재를 수출하는 자본재 시장으로서의 역할을 함으로써 일본 경제를 중진국에서 성숙 선진국으로 발전시켰다. 그간 한일 경제는 이렇게 윈윈해 왔다고 할 수 있다.

이런 과정에서 한국은 일본으로부터 자본재를 대량 수입한 데 비해 일본 시장은 복잡한 유통구조 등 일종의 비관세장벽이 존재해 한국의 대일(對日) 수출이 기대만큼 이뤄지지 않았기 때문에 대일 무역역조가 확대돼 온 것이다. 한국으로서는 제3국 수출로 눈을 돌리게 됐고, 그 결과 한일 간에는 비슷한 산업구조로 인해 적지 않은 부분에서 과당경쟁을 하는 구조가 정착됐다. 자본주의적 시장경제에서 경쟁 그 자체는 불가피하더라도 과당경쟁 상태가 되면 피차 출혈 수출이 되기 쉬워 한일 양국의 교역조건을 악화시키는 중요한 구조적 요인이 된 것이다. 이런 상황은 한일 두 나라 모두에 바람직하지 않다. 따라서 한일 간 경제구조를 어떻게 하면 협력의 틀 속에서 경쟁하는 구조를 형성할 수 있을 것인지가 중요한 정책 과제가 됐다.

또 1997년 아시아 금융위기 때 눈으로 직접 본 것이지만, 1995년 4월 미국과 일본 간에 엔저가 용인됐다. 1995년 8월부터 1997년에 걸쳐 달러당 79엔에서 120엔대로 엔저가 진행되자 한국 경제는 경상수지 적자가 감당할 수 없을 정도로 확대돼 결국 국제통화기금(IMF) 관리체제에 들어갔다. 그런데 한국 등이 IMF 관리체제로 들어가자 일본 경제도 타격을 입어 장기신용은행이나 채권은행 등 일본의 주요 은행들이 파산할 정도로 거대한 불량 채권 누적과 불황에 빠졌다. 이것이 뜻하는 의미는 한일 경제는 상호의존성이 높아 좋든 나쁘든 서로에게 강한 영향을 주고 있으며 어느 한편에 일방적일 수 없는 구조라는 것이다.

한일 경제가 얽혀 있는 구조를 이렇게 분석한다면 한국 경제의 발전이 일본 경제의 발전을 견인하고, 일본 경제의 발전이 한국 경제의 발전을 끌어주는 구조를 형성하는 것이야말로 한일 두 나라가 함께 추구해야 할 절실한 정책과제라고 할 수 있다.

얼핏 보면 한국 경제가 충분한 외환보유액을 축적하고 있고, 경상수지 흑자도 지속하고 있어 과거와 같이 외환의 일본 의존성이 없어졌다고 할 수 있다. 일본 경제는 막대한 외환보유액을 갖고 있어 비록 일시적으로 경상수지 적자 상태이기는 하지만 한국에의 의존은 더더욱 필요없다고 할 수 있다.

그러나 기술한 것처럼 한일 두 나라 경제는 서로 밀접하게 얽혀 있어 앞으로의 사태 전개에 따라서는 상대방에게 치명상을 입힐 수도 있다. 따라서 자국 경제의 안정적인 발전구조를 구축하기 위해서라도 한일 양국은 시급히 큰 협력의 틀을 다져야 한다. 이런 문제 인식에서 볼 때 앞으로 더 큰 규모의 한일 통화스와프 체결 노력이 필요하다는 얘기가 나온다. 협량한 자존심 경쟁보다는 안정적인 경제 운용을 위한 포석이 더욱 중요하다는 점을 알아야 한다.

5. 임금 인상 통한 경기침체 극복이 가능하려면

2015. 4. 중앙일보

최경환 경제부총리가 언급하고 한국은행에서도 시인할 정도로 한국 경제는 불황 조짐을 보이고 있다. 불황 극복의 일환으로 '임금 인상'이라는 단어가 경제부총리 입에서 나왔다. 불황 문제에 올바르게 접근하기 위해서는 무엇보다 지금 한국 경제에 왜 불황이 발생했는가 하는 원인 규명이 우선돼야 한다. 지금 미국·유럽·일본 등 선진국들이 자국 통화 팽창을 통해 불황을 극복하기 위해 노력하는 것처럼 불황은 세계적인 현상이다.

세계 경제는 왜 이러한 불황에 빠지게 됐는가? 그것은 1980년대 이후 금융 자율화의 바람을 타고 등장한 뉴이코노미, 즉 주주자본주의의 출현에서 비롯됐다고 본다. 거대 기업들의 사실상의 오너가 된 투자은행들은 자신의 수익 극대화를 위해 기업에 이사를 파견해 기업 경영자들에게 주가를 높일 것을 요구했다. 이 요구에 따라 기업 경영자들은 불요불급한 인적·물적 자원을 퇴출시킴으로써 기업의 수익을 높이고 주가를 높인다. 이러한 방식은 국민경제의 분배구조를 양극화한다. 요컨대 주주와 소수의 각 분야 전문가들은 고소득화되고, 다수의 단순 노동자는 퇴출되거나 비정규직 형태가 돼 저소득화된다.

2008년 발생한 미국의 서브프라임 모기지 사태도 저(低)기술 노동자 계층의 퇴출과 저소득화에 따른 대출 상환능력의 악화에서 비롯된 것이라고 할 수 있다. 뉴이코노미에 따른 소득 양극화의 전개는 노동분배율을 크게 하락시키고, 이에 따라 전체 수요에서 가장 큰 비중을 차지하는 개인소비율을 크게 떨어뜨려 결국 수요 부족에 따른 경기침체로 빠져들게 된 것이다.

이러한 구조적 흐름을 세계 대공황의 도래로 파악한 벤 버냉키 전 미국 연방준비제도이사회(FRB) 의장은 재빨리 양적완화라는 미증유의 정책으로 대처했다. 미국의 이러한 흐름을 지켜본 일본도 당시 임기가 얼마 남지 않은 시라카와 일본은행 총재를 사퇴시키면서까지 대규모 양적완화 정책을 채택했다. 일본의 양적완화 정책의 목표는 통화량 증가를 통한 내수 확대는 물론 일본 엔화가치를 떨어뜨림으로써 일본 상품의 수출경쟁력을 강화하려는 것이었다.

한국 경제는 97년 국제통화기금(IMF) 체제로 들어가면서 철저한 뉴이코노미적 구조조정을 당했다. 해외 주주의 주요 기업 점령은 기업의 경영방식을 철저하게 이익을 극대화하고 주주 이익을 최우선하는 방식으로 바꿔 놓았다. 기업경영의 이익을 높이고 주가를 높이는 과정에서 대량의 정규직 종업원이 퇴출돼 직장을 잃거나 비정규직이 됨으로써 한국 경제는 구조적 내수 부족 상태가 됐다.

이러한 상황에서 한국 경제에 더욱 안 좋은 영향을 미치는 것이 바로 엔저(円低)다. 한일 간 산업구조의 유사성으로 인해 이미 95년 1달러 79엔에서 97년 1달러 120엔대로 되는 과정에서 한국 경제가 큰 폭의 경상수지 적자를 경험한 바 있다. 그 결과 외환위기를 당했던 것처럼 일본의 엔저는 한국 상품의 국제경쟁력을 급속히 하락시킨다. 현재 외견상으로는 수출액이 수입액보다 많아 우리의 무역수지가 흑자로 나타나고 있다. 하지만 그 밑에는 엔저에 대응하기 위한 출혈적 수출의 성격이 깔려 있다는 사실을 놓쳐선 안 된다. 따라서 세계적 불황에다 엔저에 따른 경영 압박이 우리 기업들의 경영 구조를 취약하게 만들고, 그 결과가 한국의 경기 불황으로 이어진 것이라 할 수 있다. 그렇다면 이번 불황의 극복 방식도 이러한 성격에 적합해야 한다.

최근 정책 당국은 내수 부진을 해결하는 방법의 하나로 기업에 임금 인상을 요구하고 있다. 세계적 불황이 초래된 주요 원인으로 주주 이익의 극대화에 따른 노동분배율의 하락을 들 수 있으므로 노동분배율의 상승을 가져올 수 있는 임금 인상은 반드시 필요하다고 할 수 있다. 그런데 지금 한국의 경우 엔저로 인해 기업경영이 극도로 압박받고 있는 상황이다. 나는 그 해법으로서 다음의 정책들을 제안하고자 한다.

첫째, 우리도 미국·유럽·일본 등 선진국과 마찬가지로 양적완화를 추진해야 한다. 단순히 이자율 인하에 그칠 게 아니라 원화가치를 확실히 낮출 수 있는 수준까지 양적완화를 추진해야 한다. 그렇게 되면 한국 기업들도 경영 압박을 덜 받게 되므로 그만큼 임금 인상을 할 수 있는 여유가 생기게 된다. 일본도 엔저를 유도해 기업 이익을 높인 뒤 임금 인상을 요구하고 있다는 점을 주목할 필요가 있다.

둘째, 예비취업자에 대한 체계적인 기능교육을 국가적 차원에서 실시할 필요가 있다. 이는 결국 노동생산성을 높여 기업의 임금 인상이 경영 압박으로 연결되지 않도록 막아 줄 것이다. 기업들이 현장교육 비용을 줄이기 위해 경력직 사원만 채용하고 무경력 신입사원 채용을 기피하고 있어 장래의 기술 단절을 초래하고 있다는 점에도 주목해야 한다. 국가가 그 갭(gap)을 메우는 역할을 해야 한다.

현재 한국의 불황 상태는 더 이상 방치할 수 없는 수준이다. 불황의 성격에 적합한 대응책을 시급히 마련해야 할 시점이다.

6. 미국의 '원화절상 압박' 이유 없다

2015. 4. 중앙일보

최근 미국은 한국이 원화가치를 평가절하하려는 움직임을 보였다며 이를 견제하는 신호를 보낸 것으로 전해지고 있다. 대규모 경상수지 흑자를 내는 한국의 원화는 평가절상돼야 마땅한데 오히려 절하하려고 하는 것은 적절치 못하다고 미국은 생각하는 듯하다. 이에 반해 한국은 원화 환율 조정이 불가피하다고 인식하는 듯하다. 경쟁국인 일본 엔화의 큰 폭 평가절하로 인해 한국 상품의 가격경쟁력이 약화돼 수출기업들의 채산성이 크게 떨어졌고, 이는 관련 하청기업 상품의 가격과 내수산업에까지 커다란 영향을 미치고 있기 때문이다.

미국이 한국에 가하는 환율 압박은 타당한가. 특정 국가가 경상수지 흑자임에도 불구하고 자국 통화를 평가절하하면 흑자 규모가 더욱 확대돼 결과적으로 세계 경제의 불균형을 악화시키게 된다. 따라서 경상수지 흑자국 통화의 평가절하 정책은 적절치 못하다고 할 수 있다. 그런데 한국의 경상수지 흑자는 수출 증대에 의해서라기보다 수입 축소로 인한 것이다. 즉, 수출은 줄고 있지만 내수 불황으로 인해 수입이 더 축소돼 경상수지 흑자가 발생했다는 점에 주목할 필요가 있다.

그러면 한국의 경기침체는 왜 심화되고 있는가. 주지하는 것과 같이 세계적 불황에 기인하는 바가 크지만 엔화가치가 떨어진 탓도 있다. 산업구조의 유사성으로 인해 한일 두 나라 상품은 국제시장에서 치열하게 경쟁한다. 그런데 2012년 10월 기준 엔화의 대(對)달러 환율이 50% 이상 평가절하됨으로써 한국 수출상품의 가격경쟁력이 치명상을 입었다. 해외시장 의존적인 한국 경제로서는 개별 기업의 구조조정으로 이에 대처해 왔다. 이런 개별 기업의 구조조정은 국민경제 차원에서 보면 가계의 소비억제는 물론 기업의 투자수요마저 줄이게 된다. 한국 경제의 이런 대처는 수입수요를 줄이게 돼 축소균형으로 치닫게 된 것이다. 이는 한국 경제에는 물론 세계 경제의 건전한 발전에도 바람직하지 않다.

그러면 왜 이런 상태가 초래됐을까. 그것은 원·엔 환율이 양국 경제를 제대로 반영하지 못한 데서 비롯된 것이다. 따라서 원·엔 환율을 정상으로 되돌려 한국 기업으로 하여금 무리한 구조조정에서 벗어나게 해야 한다.

한국과 일본처럼 자원이 부족해 가공무역을 하지 않을 수 없는 국가는 자국 수출품의 가격경쟁력에 극히 민감할 수밖에 없다. 일본은 무역의존도가 낮지만 일견 내수기업으로 보이더라도 직간접적으로 수출기업과 연동돼 있다. 따라서 엔고로 인해 수출기업 상품의 가격경쟁력이 약화되면 그 기업은 엔고 극복 차원에서 철저한 경비 절약 활동에 돌입하게 된다.

이런 활동에는 인건비 절감, 부품 구입과 관련한 하청기업에의 대금 지급 절감 행위 등이 포함된다. 이런 일련의 활동은 일본 경제 전체로 볼 때 내수 축소로 이어진다. 1985년 플라자합의로 엔화가 일거에 40~50% 절상되자 일본 기업들은 고성능 시설 투자로 핵심 부문의 생산성을 높임으로써 엔고로 높아진 인건비를 흡수했지만 모든 기업이 원가 절감에 나서 '엔고 불황'이란 구조적 불황구조에 빠져들게 된 것이다.

　일본 경제가 아베노믹스, 그중에서도 대규모 양적완화를 통해 엔화가치를 비정상적으로 떨어뜨리는 정책을 선택하게 된 것은 이 같은 배경 속에서 이해할 수 있다. 그런데 이런 일본의 선택이 다시 한국 경제에 심각한 주름살을 남기고 있는 것이다. 이 같은 논리가 타당하다면 미국의 한국에 대한 원화절상 압력은 결과적으로 비정상을 확대하는 결과를 초래한다. 세계 경제의 건전한 발전을 위해서도 엔화에 비해 지나치게 절상된 원화가치를 끌어내리는 노력은 정당화돼야 할 것이다.

7. 경제활성화, 日 통화정책을 주목하라

2015. 6. 한국경제신문

    침체의 늪에 빠진 한국 경제가 일본형 장기 불황으로 가는 것은 아닌가 하는 우려의 목소리가 높아지고 있다. 그러면 일본 경제는 왜 침체에 빠졌으며 '잃어버린 20년'이라고 할 정도로 침체가 오래갔을까.

    일본에서는 '엔고(高) 불황'이란 용어가 유행할 정도로, 엔고가 불황의 가장 큰 원인 제공자로 인식돼 왔다. 그럼 엔고는 왜 지속됐을까. 거대한 경상수지 흑자에 기인했다. 일본 기업의 탄탄한 국제경쟁력으로 인해 경상수지 흑자가 발생하고, 경상수지 흑자가 쌓이면 엔고가 초래되며, 엔고가 되면 일본 경제와 기업들은 합리화 노력을 통해 엔고를 극복했다. 그래서 엔고를 극복하는 시점이 되면 오히려 경상수지 흑자 규모는 더 커지고 다시 엔고를 되풀이한 것이다.

    일본 기업의 엔고 극복 노력은 공급 부문의 능률화를 통한 공급 능력의 증대와 노동생산성 상승을 시현하는 한편 기업 내부의 불요불급한 경영자원을 축소시키는 것으로 나타났다. 이런 결과는 공급 능력에 비해 내수를 위축시켜 구조적 불황 상태를 정착시켰다고 할 수 있다. 지속적인 엔고는 내수를 위축시킬 뿐만 아니라 적지 않은 기업을 해외로 내보내는 효과도 발생시켰다. 1985년의 플라자합의에 의해 달러 대비 엔화 가치가 일거에 40~50%나 절상되고, 이 상황을 극복하는 1990년대 초에는 구조적 불황이 정착했다. 이 시점에선 개별 산업의 평균적 공급 능력이 국내 수요의 30% 정도를 초과, 시설 과잉과 인력 과잉에 더해 차입 과잉 상태가 됨으로써 한계기업이 속출했다.

일본 정책 당국은 국채를 발행해 수요 부족에 대처했다. 국채를 대량 발행해 확보한 재원으로 토목공사를 일으켜 건설 경기를 부양함으로써 경기침체를 극복하고자 했다. 이런 방식은 그때그때의 수요 부족을 메워 줘 일시적인 효과는 있지만 지속하기 어렵다. 또 엔고로 인해 기업은 지속적으로 구조조정을 하게 되므로 일정 시점이 지나면 다시 '수급 갭 (gap)'이 크게 발생하고 다시 불황 극복을 위한 재정 지출 확대를 초래하는 것이다.

일본 경제로서는 건설산업이 비교열위산업에 속해 지속적인 수요 창출로 이어지지 못할 뿐만 아니라 건설업과 밀접한 관련이 있는 철강과 기계산업 등도 엔고에 따라 끊임없이 구조조정에 몰렸다. 결국 적자공채 발행에 의한 재정 지출을 늘리지 않을 수 없게 돼 국가부채가 크게 쌓인 것이다.

일본의 불황 극복 방식에서 또 한 가지 주목할 점이 있다. 일시적으로는 긍정적인 정책 효과가 발생해도 과중한 국가부채 부담 때문에 그 효과가 정상적으로 나타날 때까지 지속시키지 못한 채 바로 긴축정책으로 선회할 수밖에 없게 됨에 따라 결과적으로 지속적인 경기활성화 효과를 보지 못했다는 점이다.

일본 경제의 장기적 침체 경험에서 얻을 수 있는 교훈은 자국 통화의 평가절상 상태가 지속되지 않도록 막아야 한다는 것이다. 아베 신조 정권은 재정 지출 확대만으로는 한계가 있음을 느끼고 통화 확대 정책으로

선회했다. 즉, 대폭적인 통화 증발을 통해 내수를 살리는 동시에 큰 폭의 엔화가치 하락을 유도했는데, 이는 더 이상 무리하게 구조조정을 하지 않겠다는 의지를 명확히 한 것이라고 볼 수 있다.

또 경기부양을 위한 재정 지출에서도 토목공사형 부양책은 지양하고 의료와 환경산업 지출 증대, 다양한 형태의 경제특구 건설 및 해외 고급 인재 활용 등에서 보는 것처럼 성장산업 육성정책에 초점을 맞추고 있다. 이와 함께 양적완화 정책을 일시적인 것으로 생각하지 않고 일본 경제가 완전히 성장 궤도에 오를 때까지 지속시키겠다는 의지를 보이고 있다는 점이다.

8. 경기대책, 지속적 수요 창출에 초점 맞춰야

2015. 7. 한국경제신문

글로벌 불황 및 엔저 탓에 한국 경제가 침체의 수렁에서 빠져나오지 못하고 있다. 지난 5월엔 설상가상으로 중동호흡기증후군(MERS·메르스) 확산이란 뜻밖의 사태에 직면해 소비가 더욱 얼어붙고 외국인 관광객마저 급감했다. 정책 당국은 이런 심각한 경기 불황을 타개하기 위해 지난해 '46조원+α'의 정책 패키지를 동원했고, 최근에는 추가경정예산을 포함한 22조원 규모의 재정을 추가 투입하기로 했다. 그러나 일각에서는 이 같은 재정 투입이 '일본의 잃어버린 20년' 경험에서 보는 것처럼 일시적인 경기부양 효과를 낼 수는 있겠지만 지속적인 것이 되지 못해 결국 국가부채만 누적시킬 것이란 우려를 제기하고 있다.

경기대책이 일시적인 경기 활성화가 아니라 지속가능한 것이 되게 하기 위해서는 잠재적 수요를 끌어내 현재적 수요를 창출토록 하는 게 중요하다. 한국은 65세 이상 인구 비율이 14%를 넘는 고령사회로 치닫고 있다. 따라서 상대적인 고소득 고령층을 겨냥해 의료·요양 대책을 세운다면 이를 하나의 새로운 산업으로 발전시킬 가능성이 충분하다. 이런 산업은 이미 어느 정도 형성돼 있기는 하지만 고령자의 불편을 덜어주는 서비스 로봇 등 고령화 시대에 요구되는 각종 기구들을 생산하는 기업들이 대대적으로 출현할 수 있도록 조세 감면, 보조금 지급, 연구개발(R&D) 활동 유도 등의 유인책을 치밀하게 마련해 지원할 필요가 있다.

두말할 필요도 없이 이런 산업에 요구되는 기술인력 및 고령자를 도와주는 전문요양사 양성도 병행해야 할 것이다. 고령층을 겨냥한 의료·요양산업을 육성할 때에는 국내 수요만을 대상으로 하는 것이 아니라 처음부터 글로벌 수요를 겨냥토록 해야 한다. 이런 관점에서라면 의료·요양산업에서 한국보다 한발 앞선 일본과의 분업 가능성을 열어놓고 효율적인 협력체제를 수립할 필요가 있다.

또 미래 성장산업의 육성은 그에 걸맞은 고급 인적자원의 육성을 전제해야 한다. 고급 인력 육성이 요망되는 미래 성장산업 분야로는 사물인터넷(IoT), 빅데이터, 일련의 소프트웨어산업, 생명공학 등을 꼽을 수 있다. 기존 대학들을 이런 분야의 인재 양성소로 구조를 개편하기는 쉽지 않은 만큼 별도의 인재 양성 체제를 검토하는 것이 좋을 것이다. 물론 이 분야도 하나의 산업으로 위상을 설정해 각종 세금 면제, 인센티브 제공 등 종합적인 지원이 가능하도록 해야 한다.

또 하나, 보다 적극적인 정책적 지원이 요구되는 분야는 해외인프라 투자라고 할 수 있다. 해외인프라 관련 투자는 지금도 정책적으로 지원하고 있지만 관련 예산을 좀 더 늘려야 할 필요가 있다는 지적이다. 정책적 지원을 집중해야 할 곳은 아세안(동남아시아국가연합)이다. 아세안은 한국 경제와 관련한 중요성에 비해 정책적 지원이 그리 강한 편이 아니며, 지원을 강화하고 있는 일본 경제의 영향권 아래에 놓여 있다고 할 수 있다. 한국 경제의 대중(對中) 관계는 이미 과잉 상태이므로, 중국 비중을 무리하게 확대하는 대신 아세안의 인프라, 자원개발 시장에 힘을 쏟아부을 필요가 있다. 아세안은 6억 명의 인구를 헤아리는 거대 시장이다. 특히 경제 발전에 따라 중산층이 급속히 확대되고 있고, 천연자원이 풍부한 곳이므로 상호 관계를 긴밀히 하는 데 초점을 맞춘 일련의 인프라 투자에 더 치밀하게 파고들면 향후 한국 경제의 안정적 성장에 결정적인 역할을 할 수도 있다.

일본의 경기부양 정책은 기존과 같은 토목공사형이어서 일시적인 효과는 있었지만 근본적인 해결책은 되지 못한 채 국가부채만 크게 늘렸다는 점에 유의해야 한다. 한국의 경기부양 대책은 보다 미래지향적이고 경기 활성화 기조가 지속될 수 있는 부분의 육성에 초점을 맞춰야 할 것이다.

9. 엔화와 위안화 절하 아래서 한국의 대응전략

2015. 8. 한국경제신문

엔저에 이어 위안화 절하라는 이중 폭격을 받으면서 한국 경제가 침체 일로로 치닫고 있는 것 같다. 왜 이런 일이 벌어진 것일까? 나는 이러한 상태에 빠져들게 된 1차적 책임이 통화정책에 있다고 본다.

2008년 미국발 금융위기 이후 세계 경제는 '신고전파적 세계'에서 초과 공급이라고 하는 '케인즈적 세계'로 전환됐다. 이러한 인식에 입각하여 미국, 일본에 이어 유럽연합(EU)에 이르는 선진 제국들이 불황 극복을 위한 대담한 양적완화 정책을 채택한다.

이 정책이 주효해 이들 국가들은 상당한 경제 활성화를 구현하고 있다. 이들 국가들에 비해 한국 경제는 어떠한가. 그간 경제 활성화 노력을 안 했던 것은 아니지만 통화정책에서 선진 제국들의 움직임을 '예의주시'만 하다가 기회를 놓쳐버려 침체 상태를 벗어나지 못하고 있다.

그러면 여기에 어떻게 대처해야 할까? 먼저, 늦은 감은 있지만 우리도 금융의 양적완화 정책을 추진해야 한다. 미국의 금리 인상을 앞두고 우리가 양적완화를 통해 금리를 내리면 국내에 들어와 있는 외화가 유출됨으로써 한국 경제를 더 곤란하게 하지 않겠느냐는 견해가 있을 수 있다. 그러나 다행히도 한국 경제는 상당한 외화를 보유하고 있다. 경상수지도 흑자 구조이기 때문에 현재로서는 실물 경제를 침체 상태로부터 벗어나게 하는 정책을 우선할 수 있는 여유가 있다고 하겠다.

경상수지 흑자국인 한국이 통화량 증가와 이자율 하락, 나아가 원화 가치 하락으로 가면 미국의 압력을 받지 않겠냐는 견해가 있다. 하지만 자주 국가로서 자국 경제의 경제적 곤란을 극복하기 위한 정책에 대해 타국의 간섭을 받는 경우 여기에 위축되기보다는 충분한 설득을 통해 관철시켜야 함을 명백히 인식해야 한다.

그렇다면 미국을 설득할 우리의 논리는 무엇인가. 그것은 바로 원저 유도가 국제통상 질서를 위축시키기보다 오히려 국제통상을 확대 균형으로 이끈다는 점이다. 다시 말해 원고 상태가 원저 상태보다도 통상 규모를 위축시킬 뿐만 아니라 한국의 경상흑자를 오히려 확대시키고 있는 우리의 경험적 실태를 있는 그대로 제시하면 된다.

주지하는 바와 같이 한국 경제는 세계 시장을 전제로 공급 능력을 구축해 왔다. 철저하게 비교우위를 수출하고 비교 열위를 수입하는 식으로 발전해 국제 분업구조에 편입됐다. 이에 따라 수출이 줄면 수입이 그 이상으로 감소해 결과적으로 수출입을 포함한 한국의 통상 활동 전체를 위축시키는 구조로 됐다. 따라서 원저가 되면 수출이 증가될 뿐만 아니라 그 이상으로 수입을 증가시켜 세계 통상 활동에 더 기여한다는 점을 이해시켜야 한다. 한국 경제의 침체 상태 극복을 위한 두 번째 해답으로 산업 조직을 재편시키는 작업을 적극적으로 추진할 필요가 있다. 관련 산업의 통폐합을 유도해 연구개발(R&D) 활동을 중심으로 한 규모의 경제 효과를 극대화해야 한다. 대기업의 경우, 정책적 유인책을 통해 규모의 경제 효과를 높일 수 있다고 판단되는 부문은 통폐합을 유도하고, 통폐합이 오히려 규모의 비경제를 발생시킨다고 판단될 경우엔 전략적 제휴를 유도, 최소한 우리 기업 간 과당경쟁을 통해 자멸로 가는 길은 막도록 해야 한다. (우리는 최근 조선업에서 과당경쟁의 결과를 목격하고 있다.)

특히 통폐합이 요구되는 분야가 중소기업이다. 그간 중소기업 정책은 지나친 보호 정책만 있었지 제대로 된 체질 강화 정책이 없었다. 취약해진 한국 경제를 다시 경쟁력 있는 구조로 재편하기 위해선 관련 기업 간 통폐합을 통해 중소기업의 범주를 넘어 중견기업으로 성장하는 기업들에 대한 지원을 강화하는 정책이 요구된다.

이러한 정책 유도를 통해 중견기업화된 기업들은 정태적 의미의 규모의 경제 효과 제고뿐 아니라 연구개발(R&D) 활동의 배가를 통해 지금보다 월등히 대외 경쟁력을 높이게 될 것이다. 정책적 유도는 전 중소기업 분야에 걸쳐 추진되도록 해야 한다. 지역 단위로 산·학·연을 보다 조직화시켜 애로 기술을 중심으로 기술 개발에 박차를 가하도록 해야 한다.

엔저와 위안화 절하라는 폭격 앞에서 더 이상 예의주시만 하지 말고 우리 기업들이 가격경쟁력을 회복하고 산업 조직 재편을 통해 경쟁력 있는 기업이 되도록 하는 적극적인 정책이 요구된다.

10. 한국 경제, 노동생산성부터 끌어올려야

2015. 10. 한국경제신문

한국의 수출 전선에 적색 경고등이 켜졌다. 올 들어 9개월 연속 감소세다. 경기는 침체의 늪에 빠져든 지 오래다. 한국 경제가 이토록 깊은 침체에서 허덕이는 이유는 무엇일까. 세 가지 이유를 꼽을 수 있다.

첫째, 글로벌 경제 침체다. 1980년대부터 단기 수익을 좇는 주주자본주의가 강조되면서 기업들은 장기 투자가 어려워졌고, 소비도 급속히 위축돼 결국에는 2008년 미국발(發) 금융 위기를 신호탄으로 세계적 불황이 심화됐다.

둘째, 엔화가치의 하락이다. 2012년 말 아베 신조 총리가 등장하면서 시행한 일본의 대규모 양적완화로 인해 엔화가치가 크게 떨어졌는데 그 과정에서 경쟁 관계에 있는 한국 주요 상품의 수출이 위축됐고 수출 산업을 중심으로 한 경영 악화와 경기침체의 악순환이 이어졌다.

셋째, 신흥 시장의 위축이다. 중국, 브라질 등 신흥국 시장이 세계적 불황 및 임박한 미국의 금리 인상으로 인해 크게 위축, 한국 수출 전선도 흔들리고 있다. 특히 한국 수출의 4분의 1을 차지하는 중국 경제의 경착륙 우려로 인한 타격이 심각하다.

한국 경제는 수출 부진 및 경기침체를 야기하는 이런 국제 경제 환경에 어떻게 대처해야 할까. 해답은 '수출경쟁력의 강화'에 있다. 이를 위해서는 기술 인력 양성 시스템 구축, 기업 간 통폐합을 통한 규모의 경제 극대화, 통상 전략의 재편이 절실하다.

일본이나 유럽연합(EU) 국가들이 대규모 양적완화에 의한 자국 통화의 가치 하락을 통해 경제 활성화를 꾀하려고 한다면 한국은 기술·기능 인력의 양성을 통한 노동생산성 향상에 역점을 둘 필요가 있다. 차제에 기술 인력 양성 시스템을 체계적으로 정비하는 방안을 적극 강구해야 한다. 기술 인력 양성 산업을 만들어 내는 수준까지 관련 시스템을 구축하고, 이를 통해 육성한 기술·기능 인력의 활동으로 각 단계의 노동생산성을 향상시킨다면 이는 자연스레 한국 기업의 경쟁력 강화로 직결될 것이다. 이런 인력 양성 시스템이 원활하게 작동한다면 '고용 절벽'에 맞닥뜨린 청년 인력을 중심으로 한 간접 고용 효과를 발생시켜 청년 실업 해소에도 적잖이 기여하게 될 것이다.

수출경쟁력을 높이는 또 하나의 방법은 기업 간 통폐합과 업무 제휴를 통해 규모의 경제 효과를 극대화하는 것이다. 조선업처럼 저가 수주의 과당경쟁을 야기하는 산업의 통폐합을 서둘러야 한다. 사업 통폐합과 업무 제휴를 통해 첨단기술 산업을 중심으로 연구개발(R&D)의 대형화를 실현할 수 있다면 지금보다 기술 수준을 훨씬 더 끌어올릴 수 있을 것이다. 사업 통폐합은 대기업 간에만 필요한 게 아니다. 중소·중견 기업 간에도 인수합병(M&A)을 통한 사업 통폐합과 업무 제휴 등을 통한 R&D의 대형화를 추진할 여지가 크다.

마지막으로, 통상 전략의 재편도 적극적으로 고려할 필요가 있다. 지금 중국과 일본은 글로벌 사회간접자본(SOC) 건설을 중심으로 치열하게 수주 경쟁을 벌이고 있다. 한국으로서는 독자적인 해외 SOC 건설사업 수주 체제를 정비해야겠지만, 중국과 일본 SOC 기업들의 역량을 정확하게 평가하는 일도 중요하다. 한국 단독 진출보다 경쟁력 있는 중국 및 일본 기업과 컨소시엄을 이룬다면 상당한 수주 물량 확보가 가능할 것으로 기대된다. 물론 그런 접근이 가능하기 위해서는 중·일과 차별화된 한국 기업만의 경쟁력 확보가 필요한데, 지금 한일 간의 제3국 공동 진출에서 확인할 수 있는 것과 같이 한국이 배타적 경쟁력을 확보할 여지는 충분하다고 하겠다.

한국 경제가 경쟁력 강화 방향을 정확히 포착하고, 정책적 노력을 집중한다면 수출경쟁력 강화는 물론 새로운 성장의 계기를 마련할 수 있을 것이다.

11. 신흥국과의 통화스와프 적극 추진해야

2015. 12. 한국경제신문

　최근 세계 경제는 미국 중앙은행(Fed)의 기준금리 인상 충격파에 출렁대고 있다. Fed는 지난 16일 통화정책 결정기구인 연방공개시장위원회(FOMC) 정례회의를 열고 현행 연 0~0.25% 수준인 연방기금금리를 0.25~0.50%로 0.25%포인트 인상했다. 미국의 기준금리 인상은 9년 6개월 만이다.

　미국은 2008년에 불거진 글로벌 금융위기를 극복하기 위해 제로(0)금리와 더불어 대대적인 양적완화 정책을 구사해 4조5000억 달러(약 5,296조원)를 풀었다. 그러다가 미국 경제가 정상화하면서 비정상적인 양적완화를 중단하고 이번에 기준금리도 인상하는 등 금융 정책의 정상화를 꾀하고 있다.

　미국의 기준금리 인상은 미국 경제 회복세가 그만큼 강하다는 것을 방증하지만 그동안의 제로 금리와 양적완화 정책으로 인해 해외로 대거 유출됐던 달러가 다시 미국으로 되돌아가는 '달러 환류'가 발생할 가능성이 높다. 신흥국들의 경제 활동은 달러 유출 사태로 인한 국제 유동성 부족으로 크게 위축될 가능성도 있다. 일부 신흥국은 급격한 외국인 자본 이탈과 자국 통화가치 하락을 방지하기 위해 금리 인상 대열에 합류하고 있다.

　깊은 침체의 늪에서 좀처럼 헤어나지 못하고 있는 한국은 미국의 기준금리 인상 국면을 어떻게 돌파해야 할까. 이 문제에 대한 해답을 찾기 전에 분명히 지적해야 할 것은 미국의 통화 정책이 국제통화국으로서의 적절성을 잃고 있다는 점이다. 미국이 자국 경제의 위기를 극복하기 위해 통화를 무제한으로 푼 것은 불가피한 선택이었을지 모르지만 국제통화의 안정성을 유지해야 할 의무를 지닌 입장에서 볼 때는 적절한 선택이었다고 보기 어렵다. 여하튼 최근의 국제금융 질서가 이러하니 대외의 존성이 높은 한국 경제로서는 특단의 대응책을 내놓을 수밖에 없다. 세계 경제 침체와 엔저로 인해 11개월 연속 줄어들고 있는 수출을 살리기 위한 대책이 시급하다.

무엇보다도 신흥국과의 통화스와프를 적극 추진할 필요가 있다. 미국, 유럽연합(EU), 일본과 같이 국제통화국들과의 교역은 기존대로 국제통화로 하면 된다. 다만 국제통화국이 아닌 주요 신흥 통상국들과는 신속히 통화스와프를 체결, 우리 원화와 그들 통화로 거래하는 이원적 접근이 요구된다. 한국과 무역 거래를 하는 주요 신흥국 사이에는 서로 거래하고 싶은 상품이 존재한다. 다만 이런 거래를 원활하게 하는 거래 수단, 즉 달러의 부족이 문제다. 달러 대체 수단으로 한국의 원화와 그들의 통화를 교환해 거래를 하면 문제가 안 된다. 가령 그들 국가의 통화가 달러 부족으로 인해 평가절하됐다고 한다면 한국으로서는 오히려 유리한 조건으로 거래를 성사시킬 수가 있다.

한국 경제가 국제통화기금(IMF) 관리체제 이후 사태 전개에서 본 것과 같이 이들 국가가 일시적인 달러 부족으로 인해 통화가치가 하락한다고 해도 그 상태가 유지되는 것은 아니다. 국제금융 환경 변화에 따라 머지않아 정상화할 것이고 그렇게 되면 그 통화를 받은 한국 기업으로서는 오히려 큰 이익을 볼 수도 있다. 따라서 신흥국과의 통화스와프이든 직접 그들의 통화를 주고받든, 한국으로서는 하등 손해날 것이 없는 거래이므로 적극 추진할 필요가 있다. 국제통상 질서가 위축돼 있는 상황에서는 그런 거래 방식을 한국 수출 증대의 기회로 활용할 수 있을 것이다.

화폐는 거래 수단에 지나지 않는다. 살 상품과 팔 상품이 부등가교환이 아닌 이상 적절한 결제 수단을 찾아내 적극적으로 거래하는 것이 대외의존적인 한국 경제로서는 절대적으로 필요하다고 하겠다.

12. 격랑 속 중국 경제,
AEC(아세안경제공동체)와 관계 강화할 때

2016. 1. 한국경제신문

중국 경제의 성장세에 브레이크가 걸려, 성장률 7%대의 '바오치(保七)시대'가 25년 만에 막을 내리면서 세계 경제에 갖가지 충격파를 안기고 있다. 전체 수출의 25% 이상을 대중(對中) 수출에 의존할 정도로 중국 의존도가 큰 한국 경제로서는 보다 효율적인 대응이 필요한 시점이다. 그동안 잘나가던 중국 경제는 왜 이렇게 휘청대고 있을까. 치솟던 주가는 날개를 잃은 듯 속락하고 있으며 경착륙에 대한 우려는 갈수록 커지고 있다.

중국 경제의 침체 요인은 수요와 공급 측면에서 살펴볼 필요가 있다. 공급 측면에서 보면 지금의 중국 경제는 고도성장과 병행한 산업 구조 고도화 전략 추진에 따른 불가피한 조정 과정의 산물이라고 할 수 있다. 1970년대 말과 1990년대 말에 한국 경제가 국가 부도 위기를 겪은 것과 같은 과정이라고 할 수 있다.

중국과 같은 후발국이 급속하게 고도성장과 산업 구조 고도화를 추진하면 심각한 고급 기술 인력 공급 부족에 직면하게 된다. 고급 기술 인력 수요는 크게 늘어나는데 인력 공급은 적기에 이뤄지지 않아서다. 한국 등에서 기술 인력을 빼내가는 것도 한계가 있다. 이 같은 고급 기술 인력에 대한 초과 수요는 임금을 생산성 이상으로 급등시키고, 이에 따라 중국 제품의 가격경쟁력은 급속히 떨어지게 된다. 최근 큰 폭의 위안화 평가절하는 이런 배경에서 비롯된 것이라고 할 수 있다. 이 과정에서 나타나는 산업 경쟁력 약화는 상당한 구조조정을 요하는 일로, 쉽고 간단한 처방으로 극복할 수 있는 게 아니다.

수요 측면을 보자. 2008년 미국에서 비롯한 글로벌 금융위기로 인해 세계 경제는 기본적으로 불황 국면에 접어들었다고 볼 수 있다. 최근에는 미국의 금리 인상 기조로 적지 않은 신흥국들이 외화 유동성 부족을 겪으면서 중국 수출품의 해외 수요를 급감시키고 있다. 이처럼 수출을 중심으로 한 수급 양면의 구조적 취약성이 중국 경제의 침체 속도를 가속화하고 있는 것이다. 한국 경제는 어떻게 대응해야 할까.

한국 경제는 중국의 수출 제품 생산에 들어가는 부품과 소재를 공급하는 방식으로 중국 경제와 연결돼 있다. 중국 제품의 수출이 늘어나면 한국 부품·소재의 대중 수출도 같이 늘어난다. 그런데 지금 중국 경제는 한국에서 수입하던 부품·소재를 빠르게 국산화하는 한편 수출 비중은 줄이고 내수를 증대시키는 구조조정을 추진하려 하고 있다.

한국은 이런 중국 경제의 흐름에 대처해 과도한 중국 의존도를 줄이고 가급적 동남아경제블록(아세안경제공동체·AEC)과의 관계를 더욱 깊게 하는 방법을 찾을 필요가 있다. 동남아 국가와의 관계에서도 일방적으로 상품 수출 증대만 꾀할 것이 아니라 동남아 지역의 인프라 시장에 파고드는 방법으로 국가 간 관계를 확대·심화시켜야 한다.

중국과의 관계도 마찬가지다. 비(非)경제적, 비합리적 거래는 적절히 축소 조정하면서 양자 간 상호의존도를 강화하는 방향으로 조정할 필요가 있다. 중국 경제의 내수증대 정책에 효율적으로 대처하기 위해서는 중국의 유통 기업과 긴밀히 제휴해 한국 단독 수출이 아니라 그들과 협력하는 방식으로 중국 내수 시장을 파고드는 게 효율적일 것이다. 또 중국 경제의 대폭적인 구조조정 과정에 한국 자본을 투입, 다양한 형태의 제휴와 보완 관계를 형성하는 것도 중요하다.

한국 경제에는 중국 시장이 여러모로 중요하다는 것은 두말할 필요도 없다. 급속히 변화하는 중국 경제 상황을 정확히 파악하고 양국 경제 관계의 상호보완성을 확실히 다져나가는 노력이 시급한 때다.

13. 내수 진작, 기술교육으로 생산성부터 높여라

2016. 4. 한국경제신문

수출이 월간 통계를 내기 시작한 1970년 이후 최장기인 15개월 연속 마이너스 행진을 기록했다.

내수 경기 역시 살아날 기미가 보이지 않고 있다. 기업 투자도 많이 위축돼 경제성장률 전망치가 연이어 하향 수정되고 있다. 한국 경제가 장기 침체 국면에 접어들었다고 할 수 있다. 이 전례 없는 경제 침체에서 어떻게 벗어날 수 있을까. 한국 경제의 침체 원인부터 따져볼 필요가 있다.

첫째, 1980년대부터 강조된 미국식 주주자본주의와 1997년에 맞닥뜨린 외환위기, 2008년의 글로벌 금융위기 과정에서 발생한 실업의 증가와 고용 불안정성이 주 요인으로 꼽힌다. 이로 인해 소득 격차가 벌어졌고, 내수 경기도 구조적으로 억눌렸다.

둘째, 빈부 격차와 내수 침체는 특정 국가에 국한된 것이 아니고 선진국을 중심으로 한 세계적인 현상이다. 따라서 각국의 경제성장률에 비해 무역성장률이 둔화될 수밖에 없고, 한국의 수출 증가세도 급격히 꺾이게 된 것이다.

셋째, 한국 경제는 2012년 말 출범한 일본 아베 신조 정권이 전례 없는 기세로 밀어붙인 '아베노믹스'의 무제한 양적완화 정책에 더 큰 타격을 받았다. 아베노믹스는 엔화가치를 급격히 떨어뜨려 일본 상품의 수출 경쟁력을 높였고, 이는 산업 구조가 비슷한 한국 경제에 치명적이었다. 엔저에 대응하다 보니 한국 기업의 수출은 이윤 없는 수출이 되고 이에 따른 경영 압박은 내수를 침체시키는 또 하나의 요인이 됐다.

넷째, 중국 경제의 급격한 성장 둔화는 가히 재앙 수준이다. 중국 경제의 급속한 성장은 과잉 투자를 초래했고, 이제 산업 전반의 구조조정을 강요당하는 상황에 직면해 있다. 이는 수출의 4분의 1이 중국으로 향할 정도로 중국 의존도가 높은 한국에 큰 시련을 안기고 있다. 끝으로 미국이 점진적으로 기준금리를 인상하면서 신흥국의 국제유동성이 미국으로 회귀하고 이로 인해 한국의 신흥국 수출이 크게 위축되고 있다.

한국 경제는 국내외의 이런 어려운 상황을 어떻게 헤쳐나갈 수 있을까. 무엇보다도 내수 활성화가 시급하다. 양질의 일자리를 창출해 고용률을 높이고 가능한 한 가계의 가처분소득이 늘어나도록 하는 게 중요하다. 그러나 이런 일들을 무리하게 추진하다 보면 거꾸로 기업의 수출경쟁력을 떨어뜨리는 부작용이 발생할 수 있다. 기술 인력의 체계적인 육성에 과감히 투자해 비정규직이나 구직 희망자의 생산성을 끌어올리는 게 중요하다. 청년 고용 확대 정책의 여력을 돌려 대규모 기술 인력 양성기구를 운영함으로써 저임근로자의 생산성을 높일 수 있다면 그것이야말로 새로운 형태의 경기부양 정책이 될 것이다.

한국과 거래가 많은 신흥국과의 통화스와프도 적극 검토할 필요가 있다. 양국 거래의 지불 수단으로 미국 달러화만 사용하려고 하지 말고 거래 당사국 통화를 적극 사용할 필요가 있다. 그런 만큼 이들 국가와의 거래가 늘어나게 될 것이다.

중국은 구조조정을 하지 않으면 안 되는 상황이다. 중국은 고속 성장에서 새로운 안정 성장으로, 수출 중심에서 내수 중심으로 성장 전략을 바꿔나가고 있다. 이에 따라 대중(對中) 거래도 중간재 중심에서 최종 소비재 중심으로 옮겨지는 추세다. 이런 중국 경제의 전환에 적절히 대응해야 한다. 대중 소비재 수출과 관련해서는 중국 유통 기업과의 협력, 한중 합작유통기업 설립 등으로 대응해야 할 것이다. 중국 경제 의존도를 줄이는 대신 동남아 국가들과의 거래를 확대해야 한다. 결과적으로 내수가 활성화되고 수출이 늘어나면 투자는 자연히 증대될 것이므로 이런 수순으로 경기 진작책을 추진할 필요가 있다.

14. 글로벌 보호무역 추세 뛰어넘으려면

2016. 5. 한국경제신문

2008년 글로벌 금융위기 이후 세계 경제는 불안정한 상태가 계속되고 있다. 미국 경제는 막대한 양적완화 정책으로 다소 회복되는 모습을 보이고 있지만 여전히 저금리 상태에서 벗어나지 못하고 있다. 유럽연합(EU) 경제도 회복세를 보이는 듯하지만 불안정하기는 마찬가지다. 일본 경제도 아베 정부의 대폭적인 양적완화 정책에도 안정된 성장세를 보이지 못한 채 역풍을 맞고 있다. 대부분의 자원 보유국 및 신흥국들 또한 깊은 경기침체 상태이며 중국 경제 역시 큰 폭의 구조조정이 필요할 정도로 불안한 상태로 경착륙 우려도 커지고 있다.

이런 글로벌 경제 침체 속에 선진국을 중심으로 알게 모르게 자국 통화를 평가절하하면서 수출 증대를 꾀하는 통화 전쟁이 빚어지고 있다. 경제가 상대적으로 양호한 미국조차 차기 정권의 유력 후보들까지 힘들게 합의된 환태평양경제동반자협정(TPP)의 파기를 주장하고 나섰다. 공화당의 트럼프는 이미 시행 중인 한미 자유무역협정(FTA)도 파기하겠다고 공언하고 있을 정도다.

세계 최대 무역 국가인 중국은 설비 과잉을 해소하기 위한 방안으로 글로벌 시장을 상대로 덤핑을 자행해 비난을 받고 있다. 이런 일련의 움직임을 통해 세계 경제는 점차 보호주의적 색채가 강화되고 있음을 확인할 수 있다. 문제는 각국이 공통적으로 내수 부족에 신음하고 있어 세계 경제는 이미 제로섬 게임도 아닌 마이너스섬 게임에 빠져버렸고, 시간이 갈수록 보호무역주의 색채는 더욱 짙어질 것이라는 데 있다.

대외의존도가 높은 한국 경제로서는 이런 보호무역주의 흐름에 적극적으로 대응하지 않을 수 없다. 우선, 보호무역주의가 강화되면 가격 논리가 완전히 배제되지는 않더라도 자국 산업의 필요를 충족시키려는 교역 형태가 강화되는 경향이 짙어진다. 요컨대 자국에서 조달할 수 있는 것은 가능한 한 자국에서 조달하고, 자국에서 조달이 어려운 것 중심으로 대외 거래가 이뤄진다.

따라서 한국은 이들 국가의 산업 구조 속으로 파고드는 전략이 필요하다. 가령 자원 보유국과의 교역에서 그들 국가의 자원 개발 과정 속으로 들어가 한국 경제가 필요로 하는 자원을 확보하고, 그 대가로 산업 구조상 그들 국가에는 부족하지만 한국에는 여력이 있는 제품이나 설비를 제공하는 식의 교역을 활용할 필요가 있다. 일종의 구상무역이라고도 할 수 있는데, 구상무역 성격의 교역을 안정적이고 효율적으로 전개하기 위해서는 해당 국가의 산업 구조를 면밀히 파악해 그들 경제와 우리 경제와의 보완 관계를 찾아내는 일이 중요하다. 교역 과정에서 양국 간 통화 스와프를 체결하거나 양국 통화를 결제 수단으로 채택한다면 교역을 훨씬 활성화할 수 있을 것이다.

둘째, 동아시아 차원의 공급망을 구축하면 이 지역 내에서 보호무역의 높은 장벽을 뛰어넘는 교역 활동이 가능할 것이다. 이 경우 각국의 비교우위를 최대한 살리는 공급망을 구축해야 한다. 그렇게 되면 개별 국가 단위의 공급망보다 더욱 강력한 공급 능력을 갖출 수 있을 것이다. 동아시아 차원 공급망의 핵심 고리는 한국과 일본의 협력이라고 할 수 있다. 한일 양국은 좁은 국토와 빈약한 자원 등의 조건으로 볼 때 다른 어느 국가들보다도 안정된 해외 시장을 필요로 한다. 또 동아시아 공급망은 무엇보다도 자유로운 시장 메커니즘을 필요로 한다는 점에서 한일 두 나라의 주도적 역할이 요구된다.

이상의 논리는 보호무역주의 경향에 대비하기 위한 대응책인데, 이런 방향의 통상활동과 시장 메커니즘을 적절히 배합하면 한국 경제는 대외 환경에 휘둘리지 않고 안정적 성장 기반을 마련할 수 있을 것이다.

15. 거세지는 美 통상 압력 헤쳐 나가려면

2016. 7. 한국경제신문

미국의 한국에 대한 통상 압력이 거세지고 있다. 원화가치 하락 추세에 강하게 제동을 거는가 하면, 한국산 철강·금속 제품에 대해서는 중소기업까지 반(反)덤핑 조사대상에 올리고 있다. 이미 시행 중인 한미 자유무역협정(FTA)을 재협상하려는 움직임도 나타나고 있다.

미국의 이런 대한(對韓) 통상 압박의 배경에는 한미 FTA 체결 이후 한국의 대미 무역수지 흑자가 크게 늘어난 것과 관련이 있다. 한미 FTA 발효 1년차인 2012년 152억 달러였던 한국의 대미 무역수지 흑자 규모는 2013년 206억 달러, 2014년 250억 달러, 2015년 283억 달러로 해마다 크게 늘었다.

한국은 미국의 통상 압력에 어떻게 대처해야 할까. 이와 관련해 한국 경제에서 또 하나 주목해야 할 현상으로 첨단 제조업의 경쟁력 추락을 살펴볼 필요가 있다. 2010~2014년 한국 첨단 제조업의 부가가치 증가율은 -4.7%다. 이는 미국, 독일, 영국 등 선진국은 물론 대만, 중국에도 뒤처진 것으로 이런 추세라면 머지않은 장래에 한국 경제의 위상이 급락할 것이란 게 불 보듯 뻔하다.

여기서 미국의 통상 압력과 한국 첨단 제조업의 경쟁력 추락을 연결시켜 경제 정책 방향을 제시할 수 있다. 한국은 미국에 비해 생산 기술이 앞서 있어서 대미 무역흑자가 늘어나고 있다. 그러나 첨단 기술이나 그

개발력에서는 크게 떨어지고 있음은 주지하는 바와 같다. 미국의 통상 압력을 완화시키면서 한국 첨단 제조업의 경쟁력을 강화하는 방법은 미국의 첨단 기술이나 개발력을 더 적극적으로 도입하는 것에서 찾을 수 있다.

이는 이미 실행되고 있다. 삼성전자가 미국 클라우드 전문기업 조이언트를 인수한 것은 모바일, 사물인터넷(IoT), 인공지능(AI) 분야와 연계한 클라우드 서비스를 확대하기 위한 전략으로 보인다. 바이오 분야에서 피부재생 효과가 있는 폴리데옥시리보뉴클레오타이드(PDRN) 필러를 개발한 파마리서치프로덕트가 최근 미국 유기농 화장품 스타트업(신생 벤처기업) 닥터제이스킨클리닉을 사들인 것도 같은 맥락이다.

이런 흐름을 더 가속화해야 한다. 대만과 중국이 첨단 산업에서 더 빠른 성장을 보이는 것은 그들이 한국보다 첨단 기술 개발 능력이 높다기보다는 인수합병(M&A) 등을 통해 한국보다 더 적극적으로 첨단 기술을 도입하고 있기 때문이란 사실에 주목할 필요가 있다. 이 차이가 커질수록 첨단 산업에서 그들이 앞서갈 게 분명하다.

미국의 첨단 기술을 어떻게 효과적으로 도입할 수 있을까. 우선 삼성전자의 경우에서 보는 바와 같이 한국 첨단 제조업의 취약 부문을 차례로 보강시키는 방법을 택해야 한다. 물론 미국이 앞서가는 첨단 기술이면 무엇이든 도입하는 식으로 해서는 곤란하다. 한국이 비교우위를 누릴 수 있는 부문을 중심으로 특화 발전시켜야 하며, 미국에서 도입하는 첨단 기술도 그런 기준에 충실해야 한다.

둘째, 한국의 우수 기술 인력을 실리콘밸리 등 이른바 미국의 기술 개발 산실에 대규모로 파견해 그들로 하여금 미국의 기술 개발력을 최대한 흡수하도록 해야 한다. 셋째, 미국에 있는 한국 출신 기술 인력을 적절하게 활용하는 방법도 찾아야 한다. 미국에서 유학한 학생은 귀국한 경우보다 미국에 체류하고 있는 인력이 더 많다는 것은 널리 알려진 사실이다. 이들이 귀국하지 않더라도 현지에서 능력을 발휘하도록 해 활용하는 방법은 가능할 것으로 생각된다. 이런 일련의 노력은 미국 정책 당국과 긴밀히 협의해 진행해야 하며, 대미 무역수지 흑자 축소 의지와 연결해 미국의 통상 압력을 완화할 수 있도록 추진해야 한다.

16. '아시아 시대' 다져야 트럼피즘 파고 넘는다

2016. 8. 한국경제신문

미국 공화당 대통령 후보 도널드 트럼프는 자신이 당선되면 한미 자유무역협정(FTA) 재조정, 주한미군 철수 또는 방위분담금 재조정을 추진하겠다는 등의 주장을 하고 있다. 이는 한마디로 기존의 한미 질서를 근저에서 뒤흔드는 것이라 할 수 있다. 트럼프 후보가 미국 대통령이 될지는 지켜봐야겠지만 문제는 이런 주장에 적지 않은 미국인이 지지를 보내고 있다는 점이다. 미국 대통령 후보의 입에서 왜 이런 주장이 나오고 있을까.

1980년대 이후 금융자율화가 강조되면서 주요 기업 주식이 골드만삭스 및 리먼브러더스 등 미국의 대표적 투자은행(IB)에 집중되고, 주요 기업의 경영권은 사실상 이들 투자은행에 포진한 소수의 대표 주주가 장악했다. 전문 경영인이 주도하는 경영 시대로부터 전문 경영인이 소수 대표주주의 지배를 받는 경영 시대로 바뀌었다. 경영환경이 변하면서 전문 경영인들은 소수 주주 이익을 극대화하는 방향으로 경영활동을 펼쳤다. 수익성이 낮은 분야는 과감히 철폐·축소하고 수익성이 높은 부문에 경영자원을 집중했다. 이렇게 미국, 영국 등 앵글로색슨 국가들은 주주자본주의, 즉 '뉴이코노미'를 강화했다. 비능률적인 저임금 노동자를 퇴출시키고 파생금융상품을 다양한 형태로 생산해 냈다.

또 정보화 기술의 발달과 더불어 승자 독식이 보편화하면서 경제적

부는 소수의 대주주와 고급 기술 경영인에게 집중되고 대다수 근로자는 중상층에서 중하층으로 몰락해 갔다. 이는 2008년 미국발(發) 금융위기를 일으켰다. 중하층 그룹은 서브프라임 모기지의 지불 능력을 잃고 서브프라임 모기지를 담보로 발행된 일련의 파생금융상품 붕괴를 초래했다.

당시 벤 버냉키 미국 중앙은행(Fed) 의장은 금융 시스템 붕괴를 막기 위해 일찍이 경험한 적이 없는 금융의 대량 살포를 단행했다. 이런 노력에 의해 미국 경제는 회복 중이라고 할 수 있다. 그러나 뉴이코노미의 전개 과정에서 기업들은 해외로부터 노동 인력을 받아들이거나 저임금국의 낮은 임금을 활용한 부품류 등을 대량 수입함으로써 결과적으로 미국 경제는 소수의 고소득 그룹과 다수의 저소득 그룹으로 양분됐고 심각한 빈부 격차가 구조화됐다. 극단적인 빈부 격차를 시정하는 방법으로서 민주당 대통령 후보로 나섰던 버니 샌더스는 소수 가진 계층의 부담을 늘려 저소득층에 대한 사회보장을 확충해야 한다고 외쳤다. 트럼프는 이민의 억제와 상대적 저임금국으로부터의 수입을 억제하는 방법으로 불균형을 해소하려 하고 있다. 샌더스의 불균형 시정 방법은 민주당 후보로 확정된 힐러리 클린턴에 의해 상당 부분 채택됐기 때문에 미국에서 누가 대통령이 되든 보호무역주의는 강화될 것으로 예상된다. 특히 트럼프가 대통령이 될 경우 한국 경제에 미치는 영향은 엄청날 것으로 보인다.

세계 통상 질서의 특징을 살펴보면 아시아 국가들은 시장이 큰 미국과의 통상을 확대해 온 것을 알 수 있다. 미국은 국제통화인 달러를 가지고 한·중·일 등으로부터 질 좋은 공산품을 대량 수입, 물가 안정과 높은 후생 수준을 실현하고 있다. 아시아 국가들은 미국 경제에 의존적이지만 미국 경제와 아시아 경제란 측면에서 보면 미국이 아시아 경제에 의존하고 있다고 할 수 있다.

아시아 국가들이 트럼프식 억지를 막는 방법은 현재의 통상 질서를 수정해 유럽연합(EU)처럼 동아시아를 중심으로 아시아 국가들 사이의 내부 경제를 확대하는 것이다. 미국 경제와 대립해서는 안 되겠지만 아시아 국가들로서는 한·중·일을 중심으로 한 내부 경제를 강화해야만 경제적 자립도를 높일 수 있다. 그런 의미에서 아시아 역내 국가가 주인공이 되는 아시아 시대를 앞당겨야 한다.

17. 빈부 격차 해소가 최고의 성장 전략이다

2016. 9. 한국경제신문

한국은 미국 다음으로 빈부 격차가 심한 국가로 꼽힌다. 소득의 양극화로 인해 고소득층을 중심으로 한 해외 관광·지출은 증가하고 있는 데 반해 국내 관광·지출은 줄어드는 추세다.

한국의 빈부 격차는 1997년 외환위기 때부터 심해졌다. 한국 경제가 국제통화기금(IMF) 요구에 따라 혹독한 구조조정을 하는 과정에서 자본가의 이익을 최우선하는 '뉴이코노미'가 강조되고, 경영진은 자본 이익을 극대화하기 위해 강력한 구조조정으로 기업 이윤을 높이고 주가 상승을 추구했다. 단기 이익의 극대화를 위해 단순 노동력을 대량 해고하고 계열·하청 기업과의 협력 관계도 재편했다. 이로 인해 단순 노동자들이 실직 상태가 되거나 비정규직으로 전환됐으며 계열·하청 중소기업들의 경영 구조도 극도로 악화됐다. 반면 구조조정이 성공적으로 이뤄지면서 최고경영자를 포함한 경영진은 스톡옵션 등을 통해 인센티브를 챙길 수 있었다.

이런 경영활동이 성과가 전혀 없었던 것은 아니다. 대기업을 중심으로 경영 구조가 튼튼해졌고 삼성전자, 현대자동차 같은 세계적 기업이 출현하는 계기가 된 것도 사실이다. 그러나 이 과정에서 중소기업의 체질은 약화되고 저소득층이 증가함으로써 극심한 빈부 격차가 발생했고 내수 축소로 인해 한국 경제는 불황 상태에 빠져들게 됐다.

뉴이코노미는 세계적 현상이기 때문에 수출이 여의치 않고 투자수요도 미약할 수밖에 없어 불황 상태를 쉽게 벗어나지는 못할 것이다. 현재로서는 저소득계층의 소득을 끌어올리는 것이 적정 경제성장률을 유지하기 위한 합리적인 대안이라고 할 수 있다. 그러면 저소득계층의 소득을 어떻게 높여야 할까. 첫째, 선진국에서는 정착돼 있는 '동일노동 동일임금제'를 적극 추진해야 한다. 정규직 대비 비정규직 임금 수준이 유럽 주요 국가들은 80%대이고, 일본도 60%대인 데 반해 한국은 50%대에 머물고 있다. 한국도 동일노동의 경우 비정규직 임금을 정규직의 70~80% 수준까지 끌어올려야 한다. 물론 일시에 올리면 기업경영에 무리가 가므로 점진적으로 인상해야 하고 비정규직 노동자들의 노동생산성을 높이는 노력도 병행해야 한다. 비정규직의 노동생산성을 높이는 주체는 물론 정부다. 정부 예산으로 노동훈련센터를 설립해 분야별로 기술·기능을 강화시키는 체제를 갖춰 비정규직으로 하여금 임금 인상분에 상응한 노동생산성 향상을 실현하도록 해야 한다. 둘째, 창업지원센터를 만들어 직장인들의 퇴직 후 창업 실패를 최소화해야 한다. 조기 퇴출되는 직장인들이 퇴직금으로 상대적으로 창업이 쉬운 음식점 등을 개업하지만 대개는 몇 년 내에 투자금을 날리고 극빈 계층으로 전락하는 실정이기 때문이다. 셋째, 결손 가정 자녀를 우선적으로 어린이집에 맡길 수 있도록 해 그 부모들이 취업할 수 있도록 적극 지원해야 한다.

저소득계층의 소득 증대를 위한 사업에는 적지 않은 예산이 소요될 것이다. 이 예산은 당연히 복지 예산에서 지출돼야 한다. 복지 예산이 일회성 지원 사업에 사용되지 않고 저소득계층의 생산성 향상에 쓰인다면 국가경쟁력을 유지하면서도 저소득계층의 소득은 늘어난다. 빈부 격차가 줄어들면 내수와 투자가 활성화되면서 경제성장률을 안정적으로 높일 것이다.

18. 일본형 장기 불황을 피하려면

2016. 10. 한국경제신문

최근 한국 경제는 가계부채 증대로 소비수요가 막히고 수출경쟁력 약화 및 세계 시장 침체로 수출도 마이너스로 치닫고 있다. 저금리에도 불구하고 기업 투자가 저조해 일본형 장기 불황으로 진입하는 게 아닌가 하는 우려를 낳고 있다.

일본형 장기 불황이라 함은 일본의 '거품경제' 붕괴 이후인 1990년대 초에서 2010년대 초에 이르는 경기침체기를 말한다. 이 기간에 일시적으로 경제성장률이 높아진 적도 있었으나, 전체적으로는 연 1%대 경제성장률에서 벗어나지 못했다. 일본의 장기 불황 배경엔 불황 극복을 위한 일본 정부의 대응 방식이 있었다. 일본은 적자공채를 발행해 경기부양에 나섰는데 그 방식이 지역구 의회의원의 요구에 따른 토목공사 추진이었다. 구조조정 대상이던 범용성 산업들은 경기부양책과 해외 저가 제품의 수입 억제에 의해 살아남았다.

이런 정책은 일본 경제를 고비용 구조화함으로써 여전히 비교우위를 누려야 할 적지 않은 산업들을 해외로 밀어내는 결과를 낳았다. 또 이로 인해 공동화 현상도 부분적으로 나타나게 됐다.

2012년 말 등장한 아베노믹스는 엔화가치 절하를 통해 수출 증대, 투자 증대, 그리고 소비 증대를 추구해 왔다. 그 결과 일본 경제는 고용이 늘어나고 수출기업의 경영 구조를 튼튼히 함으로써 연구개발(R&D) 활동이 강화됐고 인수합병(M&A) 사례가 늘어났다. 이는 일본 기업의 체력을 강화시켜 본격적으로 4차 산업혁명에 뛰어들게 하는 추진력으로 작용하고 있다.

이와 같은 일본 경제의 전개를 통해 우리가 얻은 교훈은 다음과 같다. 우선, 지속적인 엔고와 이에 대한 일본 정부의 대응이 내수 시장 축소를 불러 장기 불황의 결정적 요인으로 작용했다는 점이다. 한국 경제 역시 1995년 미일 간 엔저 용인이 국제통화기금(IMF) 관리체제로 들어가는 하나의 요인으로 작용했다. 또 아베노믹스로 2012~2015년에 걸쳐 엔화가 50%나 평가절하됐음에도 적절히 대응하지 못해 조선·철강·석유화학 등의 산업에서 큰 폭의 구조조정을 피할 수 없게 됐다. 따라서 한국 경제가 불황에 빠지지 않으려면 원화가치가 엔화 대비 과도하게 절상되지 않도록 하는 대책이 선행돼야 한다.

다음으로는, 토목공사 방식의 경기부양을 지양하고 고부가가치 산업의 확대를 유도하는 방향으로 가야 한다는 점이다. 고부가가치 산업에 의한 경기부양책은 초기에 경기부양 효과가 급속하게 나타나지는 않지만 일단 궤도에 오르면 지속적인 수요를 유발한다. 고부가가치 산업의 전개에서 애로 요인은 그 산업에 요구되는 고급 인적자원의 부족, 고부가가치 산업으로 전환하는 과정에서의 막대한 R&D 자금 투입, 그리고 수요 창출을 위한 환경 조성이다.

이런 애로 요인 해소에 정부의 정책 지원을 집중하면 한국 경제의 4차 산업혁명은 완성될 것이고 더 이상의 경기부양책도 필요 없어질 것이다. 지금 한국 경제는 심각한 경기침체에서 벗어나기 위해 추가경정예산을 편성해 경기부양책을 쓰려고 한다. 추경예산 편성에서부터 부동산이나 토목공사형 사업이 아니라 4차 산업에 초점을 맞춰야 한다.

일본 산업 조직의 중요 특징 중 하나가 관련 산업을 망라하는 대규모 기업집단을 구성하는 것이다. 일본 경제 침체에 따라 이런 산업 조직이 비능률적이며 채산성을 악화시키는 요인으로 지적돼 왔다. 일본의 정책 당국도 일본 기업의 이 같은 존립형태가 경쟁력을 약화시킨다고 인식해 기업활력제고법(원샷법)을 제정했고, 실제 기업 재편을 통해 소생하는 기업도 나오고 있다. 최근 한국도 관련 법이 제정돼 산업 조직 재편이 나타나고 있다. 대외경쟁력 회복 차원에서 적극적인 정책 지원이 요구된다.

19. RCEP(역내포괄적경제동반자협정) 추진을
적극 검토할 때다

2017. 2. 한국경제신문

미국 도널드 트럼프 정부의 등장은 세계 통상 질서에 일대 변화를 초래할 것으로 예상된다. 한국 경제도 상당한 영향을 받을 수밖에 없다. 서둘러 대응책을 수립해야 하는 이유다.

트럼프 정부의 대외 통상 정책은 자국 경제의 고용과 수출 증대를 최우선시할 것임을 분명히 하고 있다. 그 정책 중에서 한국이 특히 관심을 가져야 할 부분은 대외 통상 정책을 '다자주의'에서 '양자주의'로 바꾼다는 점과 중국과의 무역 불균형을 강력하게 시정하겠다는 것이다.

트럼프 대통령은 취임 이후 곧바로 북미자유무역협정(NAFTA) 재협상을 선언하고 환태평양경제동반자협정(TPP) 탈퇴 행정명령에 서명하는 등 다자 통상 체제를 버리겠다는 뜻을 명확히 했다. 통상 활동을 양자주의로 전환한다는 것의 의미는 미국의 막강한 경제력을 지렛대로 활용해 교역 상대국과의 관계를 미국의 이익 극대화를 실현하는 쪽으로 유도하겠다는 의미다. 이에 따라 우리도 200억 달러가 넘는 대미(對美) 무역 흑자를 줄여야 하는 상황에 처하는 등 미국의 이익을 높이기 위한 개선책을 요구받을 가능성이 크다. 한미 자유무역협정(FTA)도 재협상 테이블에 오를 것이 확실시된다.

미국은 강력한 수단을 동원한 양자주의 추진을 통해 중국과의 무역 불균형도 시정하려 들 것인데, 이는 전체 수출의 25%가 향하는 등 중국과의 교역의존도가 높은 한국 경제에 상당한 타격을 가하게 될 것이다. 미국이 중국의 대미 수출을 억제시켜 미중 간 교역이 축소 조정되면 한국의 대중 수출도 타격을 받을 것이고, 중국에 진출한 한국 기업의 대미 수출에도 악영향을 미칠 게 틀림없다.

일본은 어떤가. 일본은 미국을 포함한 아시아태평양 국가들과의 TPP를 추진해 왔는데, 이 TPP의 중심 국가인 미국이 탈퇴를 선언했다. 주요 통상국과의 FTA 체결이 부진한 일본으로서는 TPP 협정 체결에 큰 기대를 걸었던 만큼 실망이 클 것이다. 거기에다가 일본 역시 미국으로부터 대미 무역 불균형 시정이라고 하는 강력한 통상 압력에 시달리게 될 것이다.

이처럼 트럼프 정권의 자국 제일주의 통상 정책은 한·중·일의 기존 통상 활동에 상당한 타격을 줄 것이다. 가공무역 입국을 추구하는 한·중·일로서는 미국 시장에서 줄어든 부분을 어딘가에서 채우지 않으면 경제적 위축을 피할 수 없다. 이런 경제적 위기를 극복하기 위한 대응책이 역내포괄적경제동반자협정(RCEP) 창설이다. 한·중·일과 아세안(ASEAN) 10개국, 호주, 뉴질랜드, 인도로 구성되는 RCEP만 체결되면 미국에서의 통상 축소분을 상당 부분 만회할 수 있을 것이다. 그뿐만 아니라 미국의 교섭력에 상응하는 교섭력을 발휘할 수 있어 대미 통상 교섭에서도 유리한 환경을 만들어 낼 수 있다.

RCEP 추진 시 유의해야 할 점은 처음부터 너무 높은 수준의 자유무역주의를 고집해서는 안 된다는 것이다. RCEP 협상은 2013년 이래 진행돼

왔으나 개방 수위와 협상 주도권을 놓고 첨예한 이해관계 탓에 큰 진전을 보지 못하고 있다. 참가국들이 받아들이기 쉬운 조건부터 시작해 점차 자유도를 높여가는 전략을 구사해야 RCEP 창설을 앞당길 수 있다. '점진적인 시장 확대'와 '역내 국가 간 협력 체제의 강화'에 역점을 두고 추진하면 큰 무리 없이 합의에 도달할 수 있을 것이다.

트럼프 정부 출현은 한·중·일을 적어도 통상면에서는 같은 처지로 만들었다. 한·중·일 3국 간에는 비(非)경제 분야에서 극심한 갈등 속에 있는 사안이 적지 않다. 하지만 통상 문제는 이들 문제에 비해 훨씬 쉽게 이해관계를 조정할 수 있다. 한·중·일 3국이 협력 체제 구축을 통해 RCEP의 추진 주체가 돼 구성국들을 설득해야 한다. 한국 통상 당국의 분발이 요망된다.

20. 중국 사드 보복, 한미 동맹 강화로 맞서야

2017. 3. 한국경제신문

북한의 미사일 공격에 대비하기 위한 주한미군의 사드(고고도 미사일 방어체계) 배치를 반대하는 중국 정부가 한국에 도를 넘는 무차별 경제 보복을 하고 있다. 한류 콘텐츠의 수입을 차단하기 위해 한류 제한령을 내리는가 하면 패키지 여행사에는 한국으로 향하는 단체 관광객을 20% 줄이도록 하는 내용의 지침을 내렸다.

중국의 사드 보복은 문화·관광 분야에 그치지 않는다. 한국산 배터리를 장착한 전기차는 보조금 지급을 제외하고 중국 내 롯데 사업장에는 세무 조사, 소방 점검을 강화해 영업 정지 처분을 내리는 등 개별 기업 보복조치도 마다하지 않고 있다. 심지어는 관영 미디어를 통해 한중 국교 단절까지 언급하며 겁박하고 있다.

한국의 사드 배치에 중국 정부가 이런 태도를 취하는 것은 한마디로 비겁하고 어리석다. 사드를 배치하는 주체는 미국인데 한국 보복에 집중하는 것은 강자에게는 약하고 약자에게는 강한 태도를 보이는 비겁한 행위의 전형이다. 지금은 세계 경제가 보호무역주의 경향을 보이고 있다. 수출 의존도가 큰 한국과 중국은 힘을 합해 이런 보호무역주의 흐름에 맞서야 하는 중차대한 시기다. 1997년에 경험한 아시아 외환위기를 되풀이하지 않기 위해서는 역내포괄적경제동반자협정(RCEP)을 성립시켜 보호무역주의를 억제하려는 노력이 필요하다. 이런 때에 경제와 관련이 없는 사드 배치 문제로 경제적 보복을 가하는 것은 큰 경제적 위협 앞에서 스스로 능동적 방어 활동을 차단하는 어리석은 행위라고 하지 않을 수 없다.

한국으로서는 중국과의 상생 협력이 아니라 그들의 보복 행위를 저지하기 위한 대응책 수립에 전념할 수밖에 없다. 무엇보다도 미국과의 경제 동맹을 한층 강화해야 한다. 지금 중국의 무리한 경제 보복 행위를 저지할 수 있는 국가는 미국밖에 없다. 중국의 사드 보복 대상은 1차적으로 한국이지만 결국은 미국을 겨냥한 것이기 때문에 한미 공동 대응이 순리라고 하겠다.

한미 간 경제적 동맹 관계를 강화해 한국에 대한 경제 보복이 중국에는 실익이 없고 오히려 손해라는 것을 확실히 인식시켜야 한다. 한국 정책 당국은 미국과 이와 관련한 협의를 하루빨리 시작해야 한다. 올해로 한미 자유무역협정(FTA) 발효 5주년이 됐지만 경제적 동맹 강화에 더욱 적극적으로 나서 양국 간 경제적 긴밀도를 높여야 할 필요가 있다.

한미 양국 간 경제적 긴밀도를 높이는 방안으로, 먼저 4차 산업혁명 추진 과정에서의 협력 강화를 꼽을 수 있다. 4차 산업혁명을 위해 확보된 예산과 고급 인력을 활용하는 과정에서 미국 기업 및 연구 단체와 제휴를 모색할 필요가 있다. 미국에서 활동하고 있는 동포 과학자들에게 그 가교 역할을 맡길 수 있을 것이다. 다음으로는 이미 추진 중인 에너지 협력을 강화해 나가는 것이다. 큰 잠재력을 지닌 미국산 셰일가스를 지금보다 더 적극적으로 활용함으로써 에너지 활용을 중심으로 한 한미 간 경제적 긴밀도를 강화해야 한다. 식량을 중심으로 해 농업 분야에서도 한미 협력을 강화할 여지가 많다.

이렇게 다방면에서 한미 양국 협력을 강화해 나가면 교역에서도 자연스럽게 가까워질 것이고 비슷한 조건의 상품이라면 한국은 중국 상품보다 미국 상품을, 그리고 미국도 중국 상품보다는 한국 상품을 우선적으로 찾게 될 것이다. 이처럼 한미 간에 강력한 경제적 협력 체제를 구축할 때 중국도 무리한 행동을 억제하게 될 것이다.

지금 한국의 처지로서는 안보와 경제면에서 강력한 한미 협력을 다져가는 게 한국의 안정적 성장을 위해 기반을 쌓는 것이라는 인식을 명확히 하고, 이 토대 위에서 한국의 대외 발전 전략을 구축하는 것이 필요하다.

21. 한미 통상 협력의 새 판을 짤 때다

2017. 6. 한국경제신문

한국을 둘러싼 통상환경이 최근 급변하고 있다. 미국에 의한 사드의 한반도 배치가 추진됨에 따라 중국의 경제 보복이 노골화되고 있고 우리의 우방이라고 생각해 온 일본조차도 한반도의 군사적 긴장을 자국의 정치적 목적에 활용하려는 움직임을 보이고 있다.

동아시아를 중심으로 한 안정된 통상 질서의 구축이 용이하지 않다는 것은 명확해 보인다. 브렉시트 이후 유럽연합(EU)도 불안정이 증폭되고 있고 미일 주도로 추진되던 TPP는 미국을 제외한 채 일본 주도로 추진될 것으로 예상된다. 이러한 점들도 한국의 통상 활동을 불확실하게 하는 요소들이라 하겠다.

이상에서 살펴본 한국을 둘러싼 안보적, 통상적 불안정 속에서 한국은 어떤 선택을 해야 할까? 결론부터 말하면 안보 대책 확보 및 안정된 통상 활동 확보를 위해 미국과의 통상 관계를 일층 강화하는 것이다.

펜스 미 부통령의 내한에서 한미 동맹의 중요성이 강조되고 있지만 미국으로 하여금 명실 공히 자국 방위와 같은 수준으로 한국 방위를 생각하도록 하기 위해서는 한미 간 경제 관계를 지금보다도 긴밀하게 하는 것보다 더 확실한 방법은 없다. 한미 간에 경제적 이해관계가 강하게 얽혀 있으면 미국으로서는 자국 이익 수호 차원에서라도 한국 방위에 최선을 다할 것이다.

미국의 이러한 확고한 태도야말로 한국의 대외 통상 활동을 원활히 하게 하는 가장 중요한 인프라로 작용할 것이다. 미국 트럼프 정권 발족 이후 세계 통상 질서가 극히 불안정한 상태로 바뀌었다. 이런 와중에서 동아시아 국가들이 주도하는 경제공동체를 만드는 것은 각각의 국가들이 너무나도 자국 중심적으로 된 관계로 용이하지 않게 되어버렸다. 결국 현재로서 한국의 가장 합리적인 선택은 미국과의 강한 협력을 토대로 대외 통상 활동을 전개하는 것이다.

그렇다면, 미국과의 경제 협력 관계를 어떻게 강화할 것인가?

첫째, 한국이 4차 산업혁명 추진을 독자적으로 하지 말고 그 예산을 활용하여 미국의 4차 산업혁명 인프라 속에 파고드는 방법이다. 실리콘 밸리에 지금보다 더 많은 우리의 기술 인력을 파견하고, 상응한 대가 지불을 통해 미국의 유수한 4차 산업 기술연구소 및 기업과 공동 연구를 확대, 강화시켜야 한다. 그렇게 하면 4차 산업혁명 분야에서 한미는 강한 공동 이익을 형성하게 될 것이다.

둘째, 미국의 셰일가스 및 LNG 개발 과정에 더 많이 참여하고 에너지의 미국 의존도를 높이는 것이다. 이러한 접근 방식은 지금과 같은 지나친 중동 의존도를 낮추게 될 뿐만 아니라 미국 경제와의 긴밀도도 높이게 된다.

셋째, 식량 면에서도 미국과의 긴밀도를 지금보다 강화하는 노력이 필요하다. 이것은 단지 미국산 농산물을 많이 수입하는 데 그치지 말고 농업 기술 개발 과정에도 우리의 농업 기술자들을 적극 참여시키면 식량의 안전 확보는 물론이요 농업 기술력 향상에도 크게 기여할 것으로 기대된다.

넷째, 자원 개발 및 인프라를 중심으로 한 제3국 진출 과정에 가능한 한 미국과의 협력을 강화하는 것이다. 미국이 기초 기술에 강하고, 한국은 응용 기술에 상대적으로 강점이 있기 때문에 공동 진출하게 되면 보완성을 높임으로써 단독 진출의 경우에 비해 경쟁력을 높이게 될 것으로 기대된다.

다섯째, 미국은 기초·원천 기술에 강하고 한국이 응용·생산 기술에 상대적으로 비교우위가 있으므로 제조업의 제3국 진출의 경우에도 한미가 협력적 진출을 하게 되면 시너지 효과를 발생시킬 것이다.

지금 한국 경제를 둘러싼 안보적 통상적 불안정 상태가 심상치 않다. 그 극복을 위한 중요한 접근 방법으로서 미국과의 경제 협력 강화를 통해 한미 간 이해 구조를 일치시켜야 한다. 미국이 자국 이익을 지킨다는 수준에서 한국의 방위에 전념하게 함과 동시에 대외 활동을 위한 이러한 인프라 구축을 토대로 가능한 범위까지 한미 양국의 비교우위를 최대한 살리는 한미 협력적 대외 통상 활동을 적극화시키는 노력이 절실히 요구된다고 하겠다.

22. 트럼프 정책의 딜레마와 한국 정부에 주는 시사점

2017. 7. 한국경제신문

미국 트럼프 정권의 존립 기반은 주지하는 바와 같이 쇠락한 공업 지대인 러스트벨트(lust belt) 지역의 백인 노동자들이다. 그들은 미국 내에서 상대적으로 저부가가치 산업에 종사하던 근로자들이다. 이들은 세계 경제의 글로벌화라는 흐름 속에서 저임금 국가들로부터 밀려오는 이민자와 저가 제품의 경쟁력에 밀려 실직했거나 비정규직화되어 중상층에서 중하층으로 전락한 사람들이다.

이들 노동자들의 분노가 트럼프에의 지지로 몰려 트럼프 정권을 탄생시켰다. 따라서 트럼프 정권으로서는 당연히 그들 직장의 안정화가 정권의 최우선 과제가 될 수밖에 없었다. 정권이 출범하기가 바쁘게 철강과 자동차 산업을 중심으로 하는 러스트벨트 산업을 지키기 위해 이들 산업들에 초점을 맞추어 보호무역정책을 실시하고, 심지어 기존에 FTA를 체결했던 국가들과도 재협상을 추진하려 들고 있다.

미국 경제는 2008년 글로벌 금융위기 이후 FRB 의장이던 버냉키의 정책 판단에 의해 일찍이 경험하지 않았던 대폭적인 금융의 양적완화 정책을 실시함으로써 금융 및 경제 위기를 극복해 가고 있다. 그런데 여기서 문제가 되는 것은 통화량 살포로 인해 불황은 극복되었으나 저이자 통화를 이용한 부동산 버블을 야기했다는 점이다.

따라서 FRB로서는 그 버블을 잠재우기 위한 당연한 수순으로서 이자율을 높이려 하고 있다. 이렇게 되자 미국 달러화 가치는 상승하지 않을 수 없고, 달러 강세는 러스트벨트 지역 산업들의 경쟁력을 악화시켜 산업 기반을 흔들고, 그에 따라 해당 산업 종사자들의 입지도 흔들리지 않을 수 없게 되었다.

트럼프 정권으로서는 그 대책으로서 보호무역주의 정책을 일층 강화함과 동시에 자국 기업이나 해외 기업에 무리하게 미국에의 투자를 강요하고 있다. 트럼프 정권의 이러한 무리한 정책 추진은 지금 세계 경제를 불안정하게 만들고 있고, 궁극적으로는 미국 경제의 안정된 성장도 기대하기 어렵게 할 것이며, 전 세계에 있어서의 미국의 지도적 국가로서의 위상도 빠르게 약화시킬 것이다.

이러한 일련의 현상에서 우리가 명확히 인식해야 할 점은 미국의 경제 정책이 해야 하는 것은 경쟁력을 상실하고 있는 저부가가치 산업을 비합리적 정책 수단으로 무리하게 방어하기보다는 미국의 높은 경제 수준에 적합한 경쟁력 있는 산업을 더욱 발전시키도록 해야 한다는 것이다. 요컨대 러스트벨트 산업에 종사하는 근로자의 저급 수준의 기술을 방치하지 말고 대대적인 기술지도. 기술연수를 통해 그들의 기술력을 높여 미국 경제에 상응한 기술집약적 산업에 종사하도록 유도하는 것이다. 이러한 정책의 추진이야말로 지금 미국이 직면한 정책의 딜레마에서 벗어나는 길이며, 미국의 세계적 위상을 지키는 길이라고 생각된다.

지금 한국의 신정부는 높은 실업률의 축소를 위해 대대적인 일자리 창출을 추진하고 있다. 그동안 방치된 청년의 일자리 창출의 시급성과 중요성은 아무리 강조해도 지나치지 않을 것이다. 하지만, 무조건적인 일자리 창출은 당장의 효과는 거두더라도 곧 트럼프 정권이 직면한 것과 같은 딜레마에 부딪치게 될 것이다. 정부의 보조금에 의한 저부가가치 산업에의 취업 증대는 우리가 자유무역을 견지하는 한 지속되기 어렵고, 억지로 이를 유지시키려 하면 보조금을 계속 증가시켜 나갈 수밖에 없다.

결국 한국 경제가 일자리 창출에 대처하는 방법은, 무조건적인 일자리 창출에 매달리지 말고 한국 경제의 발전 단계에 적합한, 그리고 한국 경제가 지향하는 4차 산업에 종사할 수 있는 인력의 양성에 초점을 맞추는 것이다. 따라서 정책 당국은 무리한 일자리 창출을 위해 준비된 예산을 활용하여 청년층을 중심으로 하는 우리의 예비 근로자들에게 적합한 생산 기술을 갖도록 하는 기술교육, 기술연수를 대대적으로 실시하여 기업으로 하여금 그들의 필요에 의해서 그들 인력들을 채용하도록 해야 할 것이다. 요컨대, 무리가 아닌 순리를 찾아서 그곳에 우리의 정책 역량을 집중시키는 것이 절실히 요구된다고 하겠다.

23. 소득주도 성장은 성공할 것인가

2017. 9. 한국경제신문

현 정권의 경제 성장 추진 방식이 종래에 비해 크게 달라지고 있다. 이른바 '소득주도 성장'이란 이름으로 최저임금을 대폭 인상하고, 비정규직을 정규직으로 전환하도록 요구하고, 저소득에 대한 복지 지출도 크게 늘리고 있다.

종래의 성장 방식은 임금상승률이 생산성 상승률보다 높지 않도록 함으로써 대외 경쟁력을 유지하는 데 역점을 뒀다. 이 방식은 지금까지 확인되고 있는 것처럼 대기업을 중심으로 고용 없는 성장은 실현되고 있지만, 내수 침체로 인해 과소 고용을 벗어나지 못하고 있어 경기 불황을 극복하지 못하고 있다.

이러한 상태를 극복하기 위한 특단의 대응책이 소득주도 성장정책이다. 저소득계층의 소득을 늘려 유효 수요를 창출하여 내수 산업을 활성화시키고, 이를 통해 고용을 늘리면 다시 유효 수요가 증대되는 선순환적 성장 경로를 창출하게 된다는 것이 소득주도 성장정책의 기본적인 인식이 아닌가 생각된다.

1980년대 이래 뉴이코노미란 이름으로 주주자본주의가 강화되어 기업 내 비능률적 부문을 과감하게 퇴출시켜 수익 증대와 주가 상승을 추진함으로써 선진국을 중심으로 경제가 활성화된 것은 사실이다. 그러나 그 과정에서 저임금 소득자의 퇴출이 늘어나고 서브프라임 계층의 지불

능력이 상실되어 급기야는 2008년 미국발 금융위기가 발생했다.

이 금융위기가 EU의 재정 위기로 연결되고, 세계 경제는 공황 상태로 치닫게 되었다. 이 상태를 극복하고자 미국, 일본, EU 등 선진 제국은 일찍이 경험하지 않은 통화의 획기적 양적완화 정책을 통해 급한 불을 껐으며, 목격하는 바와 같이 불안정한 상태의 회복세를 보이고 있다.

한국 경제의 경우 1997년 IMF 관리체제로 된 이후 주주 이익을 중심으로 큰 폭의 구조조정이 추진되어 비능률 부문이 퇴출됐다. 이에 따라 저기능 인력들이 대거 퇴출되거나 비정규직화됨으로써 빈부 격차의 확대 및 내수 산업의 침체가 구조화됐다. 그 이후 수출수요의 확대와 투자 활성화를 통해 전체 경제가 어느 정도 회복 기조를 보였으나 미국발 금융위기에 따른 세계 경제의 침체와 그 회복 과정에서 일본 엔저(円低)에의 대응 실패로 인해 구조적 침체 상태에 빠졌고, 그 극복책으로서 소득주도 성장방식이 등장했다고 볼 수 있다.

그렇다면 이러한 소득주도 성장정책으로 한국 경제의 침체 상태를 극복할 수 있을 것인가? 내년부터 기술한 내용의 소득주도 정책이 추진될 때 분명히 저소득계층의 소득은 늘어날 것이다. 내수 산업이 활성화되고 고용 증대 효과도 어느 정도 나타날 것이다. 그런데, 주지하는 바와 같이 한국 경제는 수출 부문이 50%를 넘고 있다. 대기업을 중심으로 한 생산성이 높은 고부가가치 산업에서는 감당할 수 있겠으나 수출 중소·중견기업이나 노동집약적 대기업들이 노동생산성과 임금과의 관계에 민감한 반응을 보여 도산이나 인력 조정 등의 현상도 적지 않게 나타나리라 예상된다.

따라서 이러한 부작용을 극복하고 소득주도 성장정책을 지속시킬 수 있기 위해서는 상대적 저부가가치 산업들이 소득주도 성장정책에 따른 코스트 상승을 충분히 감당할 수 있도록 국가적 차원에서 노동생산성을 높이기 위한 체계적이고도 철저한 기술교육을 시행해야 한다. 정책 당국이 각 산업을 치밀하게 점검하여 경쟁력이 취약해지는 산업을 명확히 하고 이들 산업의 약해지는 경쟁력을 어떻게 보강시킬 것인지에 대한 철저한 대책 수립을 해야 한다.

　정책 당국이 특히 관심을 가져야 하는 부문이 중소기업의 경쟁력 유지인데, 그 대응 방법의 하나로서 대기업에서 퇴출되어 나오는 고급 인력들을 중소기업들이 저비용으로 활용할 수 있도록 보다 적극적으로 정책 환경을 조성해야 한다. 이 부분의 적절한 대책이야말로 소득주도 성장정책의 성공 여부를 결정하는 중요한 요소의 하나라는 점에서 각별한 관심을 필요로 한다고 하겠다.

　결국 소득주도 성장정책의 성공 여부는 소득주도 성장정책으로 인해 높아진 코스트 상승분을 어떻게 생산성 상승으로 흡수할 수 있을 것인가에 달려 있다는 점을 인식하고 그 치밀한 대책이 요망된다고 하겠다.

24. 미중의 거친 통상 요구, 어떻게 대응할 것인가

2017. 10. 한국경제신문

미중 양국 정부에 의한 한국 기업에 대한 통상 대응 방식이 무척이나 거친 형태로 나타나고 있다. 중국의 경우 사드 배치에 대한 보복 조치로서 중국에 진출한 롯데와 이마트 등을 사실상 퇴출시키고 있고, 자국민의 한국 관광을 억제시키고 있다. 자동차, 화장품 등의 대중 수출도 크게 감소했다.

미국도 한국이 수출하는 철강 제품에 높은 관세를 부과하고 있다. 삼성, LG 전자제품에 대해서도 수입 억제를 위한 사전 조사를 진행 중이다. 이미 정착된 한미 FTA조차도 그들의 입맛에 맞게 개정하려 하고 있다.

사실상 미중이라고 하는 강대국의 힘의 논리가 약소국인 한국의 기업에 거칠게 작용하고 있는데, 한국의 정책 당국은 이렇다 할 대응을 못하고 있다. 심지어 주중 한국 대사는 그들의 논리에 오히려 힘을 실어주는 모습조차 보인다.

이러한 일련의 사태 전개에 있어서 명확히 인식해야 할 것은 자유무역 질서가 무력해지고 국제 통상에서 강대국을 중심으로 자국 이익을 확보하기 위한 힘의 논리가 활보하는 현실을 받아들이고, 여기에 어떠한 대응을 할 것인지를 진지하게 모색해야 한다는 것이다.

중국의 대한국 통상 정책을 살펴보면, 사드 보복이라는 명분으로 한국과의 통상 관계에서 자국의 이익을 극대화하려는 의도가 명확히 목격되고 있다. 대한 통상 활동 중 자국 이익에 도움이 되는 통상 활동, 가령 부품, 소재, 자본재 중에서 아직 중국의 경쟁력이 약해 자국 제품의 경쟁력 강화에 도움이 되는 제품은 이용하고, 그 대신 국내 대체화가 상당히 진척되어 어느 정도의 정책적 지원을 통해 자국 시장을 지킬 수 있다고 판단되면 한국 상품을 배제시키고 있다.

한중 FTA라는 자유무역 질서하에서는 해서는 안 되는 통상 행위를 사드 보복이라는 명분으로 자행하고 있다. 물론, 관광 억제 등 순순히 사드 보복적 통상 행위도 적지 않지만, 중국의 대한 통상 정책이 자국 산업의 방어적 성격이 강하다. 따라서 그들의 대한 수입 억제 상품이 중국의 국내 대체화 진척과 더불어 점차 확대되어 갈 것이라는 것은 명확하며, 이러한 인식하에 대책을 수립해야 한다.

미국의 대한 통상 정책에서 주목해야 할 점은 트럼프 대통령의 집권기 중에 러스트벨트에서 퇴출된 백인 노동자의 직장 복귀 및 유지에 최우선 순위를 둔다는 것이다. 지금 미국의 비교우위가 첨단 산업에 있으므로 철강, 자동차 등 중화학 공업의 고용에 역점을 두는 것이 바람직한 선택이라고 보기는 어렵다.

하지만 이들 산업에서 퇴출된 백인 노동자들이 트럼프 정권의 기반이 되고 있으므로 트럼프 정권이 존속하는 동안 그들 백인 노동자들의 고용유지에 통상 정책의 우선순위를 두게 될 것이다. 따라서 우리의 대미 통상 정책도 그 바탕 위에서 수립되어야 한다. 결국 한국으로서는 자동차, 철강 및 전자 제품의 대미 수출은 적절히 조정하고, 그 대신 첨단 산업과

4차 산업혁명 분야를 중심으로 미국과의 합리적 분업을 강화하는 것이 대미 통상에 있어서 보다 실리적인 선택이 될 것이다.

한국이 미국과 중국의 통상 압력에 취약성을 보이는 것은 이들 국가들에 대한 통상 의존도가 너무 높기 때문이다. 대미 무역수지 흑자국들, 이를테면 중국, 일본, 한국, 독일 등이 미국 정책 당국으로부터 강한 통상 압력을 받았을 때 중국, 일본, 한국 등은 미국의 압력 앞에 극도로 허약한 모습을 보이며 그 대응책 수립에 분주했다.

상대적으로 독일은 의연한 태도를 견지했는데, 그것은 바로 EU의 존재 때문이었다. 독일로서는 미국의 압력을 상당 부분 EU 내에서 흡수할 수 있기 때문에 미국의 통상압력을 상대적으로 크게 받아들이지 않을 수 있었다.

한국으로서는, EU 수준까지는 힘들더라도, 우리와 비슷한 입장에 있는 일본과 긴밀히 협력하면서 동남아, 인도 등과의 협력 체제를 강화하여 미중에의 통상 의존도를 줄이려는 노력을 부단히 해야 한다. 그러기 위해서는 정부가 팔짱 끼고 방관만 하지 말고 정책 자금을 충분히 활용하여 동남아, 인도의 인프라 시장에 파고들어 우리 기업들이 이들 국가들과 통상 활동을 확대, 강화시킬 수 있는 환경을 적극 조성해야 할 것이다. 밀려오고 있는 통상 파고를 헤쳐 나가기 위해서는 그 어느 때보다도 강력한 관민의 협력 체제가 요청되는 시점이라 하겠다.

25. 지금은 금리를 올릴 때가 아니다

2017. 11. 한국경제신문

금융 정책 당국이 금리를 인상할 방침을 세운 것으로 전해지고 있다. 금리를 올리는 근거로는 무엇보다도 지속적인 금융의 양적완화 정책 효과로 인해 경기가 충분히 활성화된 미국과 EU 국가들이 이제는 경기를 진정시킬 시기라고 판단, 금융의 양적완화 축소와 함께 금리도 인상할 계획을 세웠다는 것이 크겠다.

미국이 금리를 인상하게 되면 세계에 퍼져 있는 달러 자산이 미국의 고금리를 좇아 미국으로 유입되고 한국에 들어와 있는 달러 자산 또한 미국으로 돌아가기 때문에 한국의 정책 당국으로서는 달러의 유출을 막기 위해 금리 인상이 필요하다는 인식을 하고 있는 듯하다.

한국 경제도 올 3분기에 예상보다 높은 경제 실적을 나타냈다. 이대로 가면 금년 경제성장률 3%대를 실현할 것으로 예상되어 국내 경제도 다소의 금리 인상이 필요하다고 판단했을 것이다.

그런데, 문제는 지금 한국 경제가 금리 인상을 감당할 수 있느냐는 것이다. 지난 3분기의 경기 호전은 주로 수출 증가에 기인한 것으로, 국내 소비와 투자는 여전히 침체 상태이다. 수출조차도 삼성전자 및 SK하이닉스의 반도체 특수와 일부 업종의 수출증가에 기인한 바 크다. 요컨대, 한국 경제의 압도적인 경제 주체는 침체 상태에 있으며 이러한 관계가 반영되어 청년 실업도 심각한 상황이다.

2015년에 일본 엔화가 2012년 말 대비 50%나 평가절하된 반면 한국의 원화는 고평가된 상태로 방치돼 조선, 철강, 석유화학 등 주요 산업들이 침체되고 실업률이 증가했다. 신정부의 출현 이후에도 비정규직의 정규직화, 최저임금 급등, 근로시간 단축, 통상임금 확대 등으로 기업의 코스트 부담이 크게 증가해 기업 체력이 약해지고 있다. 반도체 등 극히 일부 산업을 제외한 대부분의 기업들은 투자 여력이 악화되었으며 고용도 제한되어 실업률 증대를 가져왔다.

이러한 국내 경제의 여건에서 금리를 인상하게 되면 기업의 코스트 부담은 일층 가중되고, 투자 여력은 더욱 축소될 것이다. 거기에 더하여 가계 부채가 이미 한국 경제에 암적 존재가 된 상태에서 이자율이 인상되면 내수는 더욱 위축될 것이다.

지금 일본 경제는 아베노믹스가 효과를 발휘하여 기업의 수익률이 증가하고 이에 따라 주가가 급등하고 있다. 나아가서 고용 호전으로 구인난을 야기하는 등 오랫동안의 침체 상태에서 벗어나 활기를 되찾고 있다. 이러한 경제 활력 덕분에 최근 총선에서 아베 정권은 압승을 거둘 수 있었다.

그런데 한 가지 주목할 것은 임기가 끝나가는 구로다 일본은행 총재를 아베 총리가 연임시키는 것으로 보도된 것이다. 구로다 총재를 연임시키려고 하는 가장 큰 이유는 구로다 총재가 견지해 온 통화의 양적완화 및 마이너스 금리 정책을 채택함으로써 상대적 엔저 상태를 지속시켜 나가기 위해서다. 이런 사실은 지금과 같은 일본 경제의 회복을 가능하게 한 핵심 정책이 저이자율을 통한 엔저에 있다는 것을 명확히 확인해 주고 있다.

한국 경제는 일본 경제가 엔고일 때는 수출이 춤을 췄고, 엔저일 때는 수출 침체와 경제 침체를 겪었으며, 심지어 IMF 관리체제로까지 이어졌다. 이러한 역사적 경험을 우리 정책 당국은 왜 제대로 인식하지 못하고 한국 경제를 계속해서 침체 상태에 빠지게 하는 건지 답답할 따름이다.

미국은 지금 안보 정책에서 한국 정부가 그들의 기대 수준에 못 미친다고 생각하자 한미 FTA 재개정 요구 등 여러 가지 형태의 통상 압력을 가하고 있다. 이러한 국제 통상환경하에서 한국 경제가 생존, 발전하기 위해서는 한국 기업들의 체력을 강화시켜 대내외의 악조건을 극복하게 하는 것밖에 없다는 점을 명확히 인식해야 한다. 그런 면에서라도 기업 체력이 극도로 약화되어 있는 지금, 금리 인상은 적절하지 못한 것으로 판단된다.

26. 기업들이 한국을 떠나게 해서는 안 된다

2017. 11. 한국경제신문

지금은 개인이나 기업이 국가를 선택할 수 있는 글로벌 시대다. 새 정부 들어 기업 하기가 점차 어려워지면서 기업들의 해외 진출이 러시를 이루는 것 같다. 주지하는 바와 같이 노동생산성은 그대로인데 최저임금 인상, 근로시간 단축, 법인세 인상 등 기업 코스트가 크게 높아지고 있다.

수요가 증가하는 품목의 생산을 늘리려고 해도 노조의 방해에 발목이 잡혀 생산이 방해받고 있다. 노조의 이러한 행동에도 공권력은 구경만 할 정도로 노조는 그 위력을 유감없이 발휘하고 있다.

아이디어가 있어 새로운 사업을 시작하려 해도 다른 국가에서는 사업화가 가능한 사업이 한국에서는 기득권의 방해나 규제에 묶여 사업화가 막히는 경우가 적지 않다. 결국 국내에서는 사업을 진행하지 못하고 규제가 없는 국가로 가서 사업화하고는 한다. 사실상 기업을 해외로 내모는 것이나 다름없다.

현 정부가 출범한 이후 소득주도 성장이 추진되고 있다. 한국 경제가 수출은 잘되나 내수가 부족하여 경기가 침체 상태인데, 내수 부족은 빈부 격차에서 비롯된 것이므로, 저소득 계층의 소득을 높여 주면 지나친 빈부 격차도 해소되고 저소득 계층의 소비 증가를 통해 경기를 활성화시킬 수 있다고 판단하고 있는 듯하다.

그런데 신정부 경제팀이 간과하고 있는 것이 두 가지가 있다.

첫째는, 한국 경제의 경우 국내총생산(GDP)의 50% 이상을 수출에 의존할 정도로 압도적인 수출 의존 국가라는 점이다. 문제는, 이런 국가에서는 수출경쟁력이 떨어지면 소득주도 성장이 성립되지 않는다는 점이다. 그런데 우리의 경우, 기술한 바와 같은 임금 인상이나 법인세 인상 등 코스트 인상 요인으로 가격경쟁력이 떨어지고 있다. 최근 원화가치도 급속하게 평가절상되고 있어 기업들의 수출경쟁력이 빠른 속도로 하락할 것으로 예상된다. 이런 식으로 가면 소득주도 성장은 어려워진다.

둘째는, 기업들 입장에서 한국의 경제 활동 조건이 생존과 발전에 불리하다고 판단하면 조건이 유리한 해외 국가로의 생산 기지 이전을 적극적으로 모색하게 된다는 것이다. 최근 들어 한국 기업이 적극적으로 미국으로 이전하려는 움직임이 나타나고 있다. 미국은 트럼프 정권의 등장 이후 법인세를 35%에서 20% 수준으로 인하하는가 하면 기업 활동을 활성화시키기 위해 기존의 규제들을 과감하게 철폐하고 있다.

미국 시장에서의 생산 활동은 유리하게 조성하면서 덤핑관세 등 여러 가지 명목의 관세 부과를 통해 미국 시장으로의 수출 활동은 막는 보호무역 정책을 채택하고 있다. 미국이 이러한 무리한 통상 정책을 구사함에도 불구하고 우리 정부는 제대로 대응하지 못해 한국 기업들의 미국 진출이 줄을 잇고 있다. 한국에서 기업들이 빠져나가고 나면 소득주도 성장은커녕 한국 경제는 빠른 속도로 황폐해질 것이 분명하다.

그러면 우리는 이러한 흐름에 어떻게 대처해야 하나.

논의의 핵심은 '어떻게 기업하기 좋은 환경을 만들 것인가'와 '저소득층의 소득 증가를 통한 소비 증가와 경기 활성화는 양립이 가능한가' 하는 점이다. 결국, 이 문제에의 접근 방법은 저소득층의 소득은 증가시키되 일방적인 소득 이전이 아니라 개인의 생산성 증가와 소득 지불을 연동시키는 것이다.

생산성 증가에 맞춘 지불 증가이므로 기업으로서는 추가적인 지불이 비용 증가로 연결되지 않는다. 이것이 가능하려면, 예산 투입을 통해 개개인의 기능을 제고할 수 있는 기술교육을 실시해 생산성을 높이는 시스템을 정비해야 한다. 기존의 기술·기능 교육 시스템을 확충·강화하는 것도 하나의 방법일 것이다. 일자리 창출과 연계해서 관련 예산을 투입하는 것도 고려해 볼 수 있을 것이다.

또한, 규제는 '네거티브 방식'을 통해 반드시 필요한 규제만 채택해 자유로운 기업 활동을 보장해 줘야 한다. 나아가서 강성노조의 무리한 활동도 법적 규제를 철저히 받도록 해야 한다. 지금은 기업이 자기에게 적합한 생산 환경을 선택하는 시대인 만큼 다른 나라에 비해 보다 유리한 생산 환경을 조성하여 더 이상 기업의 한국 탈출이 없도록 해야 할 것이다.

27. 불확실한 미중 시장에 어떻게 파고들 것인가

2018. 1. 한국경제신문

2018년도 국제 통상 질서는 어떠한 특징을 보이게 될까? 아마도 그것은 다수의 예상하는 바와 같이 '보호무역주의'일 것이다.

세계 경제에 압도적 영향력을 지닌 미국은 도널드 트럼프 대통령의 등장 이후 이른바 러스트벨트 지역 산업의 활성화를 위해서라면 세계무역기구(WTO) 체제에서 탈퇴해서라도 당해 지역 산업을 지키고 지역 고용, 특히 백인 노동자의 고용을 지키는 것을 핵심적 경제 정책 목표로 삼고 있다. 따라서 미국의 이러한 보호주의 정책은 2017년에 이어 2018년에도 지속될 것으로 예상된다.

미국의 이러한 정책 기조는 미국 경제가 세계 경제에 미치는 영향력을 감안할 때 다른 국가들에게 파급되어 가지 않을 수 없을 듯하다. 미국의 이러한 정책에 영향을 가장 크게 받는 국가가 중국이 될 것이다. 중국은 미국에 수출을 가장 많이 하는 국가이고, 따라서 미국의 러스트벨트 지역 산업에도 가장 큰 영향을 미쳐왔다고 볼 수 있다. 미국의 가장 강력한 보호주의 정책도 중국 경제를 향하게 될 것이다.

2017년 중국은 사드 보복이라는 명분하에 한국 기업의 대중 수출과 중국에서의 경제활동에 극도의 불이익을 주었다. 중국의 이러한 행위도 크게 보면 미국의 대중 정책에 대한 중국의 대응 정책의 일환이었다고 볼 수 있다. 미국의 보호주의 정책은 중국에뿐만 아니라 일본, EU, 그리고 한국에도 큰 영향을 미쳤는데, 우리 기업도 미국의 보호무역주의와 중국의 사드 보복에 시달리며 대외 활동이 크게 위축됐다. 하지만 다른 나라와 달리 한국의 정책 당국은 이 상황을 사실상 방관해 왔다고 할 수 있다.

이상에 걸쳐 살펴본 국제 통상환경의 특징이 2018년에도 그대로 지속될 것이 확실시되는 상황에서 한국은 2대 통상 국가인 미중 시장에 접근함에 있어서 어떠한 대응 전략을 수립해야 할까?

미국은 지난해 연말 자국 경제의 활성화를 위해 법인세를 35%에서 20% 수준으로 낮추고 소득세도 인하했다. 그리고 1조 달러 규모의 인프라 투자도 추진하고 있다. 인프라 투자까지 확정되면 2018년 미국 경제는 지금보다 더욱 활성화될 것으로 전망된다. 문제는, 미국 경제가 크게 활성화됨에도 불구하고 지금과 같은 반덤핑 조치 및 보복 관세 등 보호무역 조치를 그대로 추진한다면 전체로서의 미국 경제는 자칫 애로 부분의 확대에 따른 물가 인상 또는 비능률 경제의 온존 등으로 인해 크게 왜곡될 것이라는 점이다.

따라서 미 정책 당국은 그러한 상태를 방치하지는 않을 것이고, 결국 금후 미국 경제의 대외 활동은 정책 당국이 강력히 추진하고자 하는 정책 목표를 달성시키면서도 그 과정에서 불가피하게 발생하는 미 국민경제의 모순을 극복하는 방향으로 전개될 것이다. 따라서 한국 경제의 대미 활동은 미국 경제의 이러한 흐름을 정확히 파악하고 여기에 맞추는 방향으로 전개해야 할 것이다.

대중 무역과 관련해서도 이러한 기조에 입각해야 한다. 요컨대 중국의 정책 당국이 구체적으로 중국 경제를 어떻게 발전시켜 나가려 하는지와 이러한 정책 목표를 효율적으로 달성시키기 위해서 불가피하게 요구되는 대외 관계를 정확히 파악하고 여기에 맞추어 대중 무역을 전개시켜야 할 것이다. 한국 경제의 입장에서 중국 경제의 전개 과정에서 특히 주목해야 할 점은 다음 두 가지다.

첫째, 중국은 후발국이면서도 4차 산업혁명을 위시하여 자국의 산업 구조를 빠르게 다각화시키려고 한다는 것이다. 그러한 정책 전개는 불가피하게 특정 산업의 제조에 투입돼야 할 부품·소재에 대한 해외 수요를 유발시키지 않을 수 없다.

둘째, 미 트럼프 정권의 통상 압박으로부터 벗어나기 위해 역내 공동 시장 설립을 서둘 것이라는 점이다. 일 대 일로의 추진 및 RCEP의 추진이 그러한 흐름의 일환이라고 할 수 있다. 한국의 대중 교역은 중국 경제의 이러한 흐름에 초점을 맞추어 전개해야 할 것이다.

미중의 대외 통상 활동이 시장 메커니즘을 완전히 무시하는 것은 아니지만 미중 모두 자국의 정책 목표를 최우선으로 하는 대외 활동을 전개하고 있다는 점을 명확히 인식해야 한다. 그리고 한국의 대미, 대중 교역은 그러한 그들의 정책 목표를 정확히 파악하여 거기에서 파생되는 대외 관계의 성격에 맞추어 그들 시장에 파고드는 전략으로 나가야 할 것이다.

28. 무역전쟁 어떻게 대처해야 하나

2018. 3. 한국경제신문

주지하는 바와 같이 한국 경제는 가공무역 입국을 추구해 왔고, 이에 따라 국제 분업구조에 빌트인(built in)된 상태다. 그런데 최근 우리의 주요 통상 국가인 미중의 대외 통상 전략이 큰 변화를 보이고 있어 우리도 대외 통상 활동을 재편해야 할 상황에 직면하게 됐다.

미국의 도널드 트럼프 정권은 '미국 제일주의'를 표방하고 있다. 이미 가동 중인 북미자유무역협정(NAFTA)과 한미 자유무역협정(FTA)의 개정을 강력히 추진하고 있다. 대미 흑자국에 여러 가지 통상 압력을 가하는가 하면 최근에는 철강, 알루미늄 제품 등에 25%와 10%라는 고율 관세를 부과함으로써 사실상 통상 대란을 야기하고 있다.

상대국인 유럽연합(EU), 중국 등이 보복 관세를 부과하겠다는 반응을 보이고 있어 미국발 무역전쟁이 어떻게 전개되어 갈지 예측하기가 어렵다. 다만, 트럼프 정권의 이러한 통상조치는 미국의 자원 배분을 왜곡시킬 뿐 아니라 미국 내 철강, 알루미늄 제품을 원료로 사용하는 2차 산업 기업들의 경영을 압박하는 결과로 연결되어 미국 경제에도 적지 않게 부정적 영향을 미칠 것으로 예상된다.

중국의 대한국 경제 제재는 한국의 사드 배치로 인해 촉발된 것이지만 사드 갈등이 어느 정도 수습된 지금도 한국 기업들은 중국을 상대로 한 경제 활동에 있어서 적지 않게 어려움을 겪고 있다. 한중 간 무역은 축소 균형을 향해 가고 있는데, 한중 경제 관계가 이렇게 원활하지 못하고 불협화음을 야기하는 배경을 살펴보면, 중국의 빠른 경제 성장과 산업 구조의 고도화로 인해 이미 한국의 수출품이 중국 제품과 경쟁 관계로 되어 있거나 가까운 장래에 경쟁 관계로 될 것으로 예상돼 중국 정책 당국이 여러 가지 억제적 조치를 취하고 있기 때문이다.

미국 트럼프 정권의 비합리적 통상 조치는 트럼프 정권의 미국 내 지지 기반 다지기와 긴밀히 연결돼 있어 트럼프 정권이 물러나기 전까지 이러한 정책이 계속될 것이다. 또한 중국의 대한국 정책도 중국이 자국 산업을 발전시킨다는 필요에 의해서 비롯된 것이기에 이 필요가 존재하는 한 쉽게 약화되지 않을 것이다. 한국의 주요 통상 국가인 미국과 중국의 통상 정책이 쉽게 변하지 않는다고 한다면 한국으로서도 그 피해를 극복하기 위한 새로운 통상 정책을 수립해야 한다.

새로운 통상 정책의 방향은, 한국 경제와 강한 보완성을 가진 아세안 및 인도 경제와의 긴밀성을 일층 강화해 미중의 통상 정책으로부터 초래되는 경제적 피해를 상쇄하는 것이다. 지금 한국 경제와 아세안 및 인도 경제는 같은 아시아에 속하면서도 강한 보완성을 가진다. 이는 지금까지 상당 기간 지속되어 온 한국과 중국 간 경제 관계와 유사하다.

우리나라의 정책 당국이 인적, 물적 정책 수단을 최대한 동원한다면 한국 경제와 이들 지역과의 관계는 지금보다도 훨씬 긴밀하게 발전될 것이다. 한국과 베트남과의 협력적 발전 모델을 인도네시아, 필리핀, 미얀마 등의 아세안 국가와 인도로 확대해 나가면 미국과 중국 시장에서 초래된 축소분을 충분히 만회할 수 있을 것이다.

요컨대 그들 국가의 노동력이 흡수 가능한 노동집약성 산업을 그들 국가에 이전하고 그 생산에 필요한 기술집약적 부품, 소재를 한국이 수출하는 식의 협력 모델을 정착시키면 이들 국가와의 경제 협력은 크게 확대될 것이다. 나아가서 그러한 활동을 원활하고 합리적으로 추진하기 위해 이들 국가의 사회간접자본(SOC)을 확충시켜 나가면 협력 모델 확대의 촉진제로 작용할 것이다.

이러한 일련의 프로젝트를 추진함에 있어서 반드시 달러만을 결제 수단으로 사용할 필요는 없다. 달러 대신 한국의 원화와 그들 국가의 통화를 사용해도 수출과 수입에 하등의 지장이 없다. 교역 상대국 통화를 보완적으로 활용하면 이러한 협력 모델 확대에도 도움이 될 것이다.

이들 지역 국가들과의 보완성을 최대한 살리는 발전 모델을 정착, 발전시키면 한국은 대외 환경의 변화에도 크게 흔들림이 없이 안정적 기반 위에서 경제를 발전시킬 수 있을 것이다.

29. 외환 시장 개입 없이도 환율 정책 수행은 가능하다

2018. 4. 한국경제신문

미국이 한국 정부의 외환 시장 개입 내역을 공개하도록 압박을 가하고 있다. 여기서 문제가 되는 '외환 시장 개입'이란 정책 당국이 외환 시장에서 달러를 매수함으로써 달러에 대한 수요를 높여 인위적으로 자국 통화의 가치를 평가절하하는 활동이라고 할 수 있다.

한국 경제에서 환율의 중요성은 그간 환율 변화가 한국 경제에 엄청난 영향을 미쳐 온 점을 살펴볼 때 아무리 강조해도 지나치지 않다. 1995년 9월 플라자합의로 달러화 대비 엔화가치가 40~50% 절상되자, 엔화 대비 원화가치도 40~50% 평가절하 효과를 발휘함으로써 한국 제품의 수출이 급증했다.

1995년 4월 미일 정부의 합의에 의해 엔화가치가 급속히 떨어졌다. 1995년 1달러 79엔에서 1997년 1달러 120엔대까지 하락했고, 한국의 경상수지 적자는 급속히 증대되면서 한국 경제가 국가 부도 사태로까지 갔다.

결국 한국 경제는 대량 도산과 대량 실업을 감수해야 하는 IMF 관리 체제에 이르렀다. 최근에는 2012년 말부터 2015년에 걸쳐 엔화가 달러 대비 50% 정도까지 평가절하되어 갔는데도 불구하고 우리는 원화가치를 그대로 방치했다. 그 결과, 경상수지 흑자구조에는 큰 변화가 없었음에도 엔저에 대응하는 과정에서 석유화학, 조선 및 해운 등 주요 산업들

이 부실화되어 갔고 실업률도 급증했다

이상의 경험에서 볼 수 있는 것처럼, 환율 변화는 한국 경제에 엄청난 영향을 미치고, 환율 변화에 대한 정책적 영향력의 상실은 한국 경제에 심각한 결과를 초래할 수 있다. 따라서 절대 환율 변화를 방관할 수는 없다. 다만 여기서 분명히 해야 할 점은 환율의 결정 과정에 정책 당국이 직접적인 개입을 함으로써 환율 조작국이라는 오명을 뒤집어쓸 필요는 없다는 것이다. 다시 말해, 다른 정책 목적과 연결하여 간접적으로 외환 시장에 영향을 미친다면 직접적인 공격의 화살을 피할 수 있을 것이다. 몇 가지 간접적인 방법을 제시해 보기로 하자.

일본은 2012년 말, 아베 정권의 등장과 더불어 일본 경제의 경기 회복을 목적으로 '아베노믹스(아베 총리의 경제 정책)'를 제시했다. 그 핵심 정책은 일본 은행이 일본 국채 대량 매입의 방법으로 통화량을 살포함으로써 엔화가치를 하락시켜 결과적으로 엔저를 유도하는 것이다. 통화량 증가만으로는 한계를 느끼자 이번에는 이자율을 마이너스 수준까지 인하시켜 일본이 보유한 외화를 유출시킴으로써 엔저를 유도하고 있다. 요컨대, 불황 극복 정책을 통해 통화량 증발과 이자율 인하를 유도하고 결과적으로 엔화가치를 하락시키고 있는 것이다.

한국 경제에서 외화 수요에 영향을 미칠 수 있는 정책으로서 한국 기업의 해외 투자, 해외 기업 인수합병(M&A), 그리고 해외 관광정책 등을 들 수 있다. 한국은 무역수지에 관한 한 구조적 흑자국이 되었다. 수입한 원자재와 에너지 등 저부가 가치재를 가공, 고부가 가치화하여 수출하는 구조로 되어 있다. 때문에 수출수요가 축소되면 그것에 연동해서 수입

수요도 축소되므로 한국 경제의 무역수지는 구조적 흑자 구조가 됐다.

한편, 산업 구조 고도화를 위한 기술 도입 및 해외 기술집약적 기업의 M&A, 그리고 관광산업 부문에서의 적자로 인해 '무역 외 부문'에서는 적자를 초래하는 경우가 많다. 해외 투자의 경우, 한국의 비교열위 산업을 발전도상국으로 유도하고 그 산업에 투입되는 기자재와 원자재를 한국에서 수출함으로써 그들 발전도상국과의 긴밀도를 강화시키는 투자를 크게 장려할 필요가 있다.

한국 경제의 입장에서 외화 수요를 필요로 하는 부문으로서는 선진 기술 도입, 그 일환으로서 해외 선진 기업의 M&A, 그리고 비교열위 산업의 도상국 투자 등을 들 수 있다. 이러한 부문의 정책적 목적 달성과 외화 수요를 연동시킴으로써 자연스럽게 원화가치 하락을 유도할 수 있다.

선진 경제로 진입하는 단계에 도달한 한국 경제로서는 과거와는 다르게 다양한 정책목표를 가지고 있다. 따라서 그러한 정책 목표의 수행 과정 속에 적절히 환율 정책을 수행하면 큰 무리 없이 환율 개입이라는 불명예를 야기하지 않고도 환율 정책을 수행할 수 있을 것으로 사료된다.

30. 수출 하락을 방치해서는 안 된다

2018. 5. 한국경제신문

제조업의 침체에 이어 그나마 한국 경제를 뒷받침해 주던 수출마저 증가 흐름을 멈추고 하락 경향으로 명확히 돌아서고 있다. 세계 경제가 회복되고 있는 와중에 한국의 대외 수출이 하락세를 보이고 있다는 점에서 특히 주목을 요한다.

줄곧 증가 경향을 보이던 수출이 왜 하락세로 전환되고 있는가? 무엇보다 한국 경제가 인건비의 상승이 생산성의 상승을 상회하는 구조가 정착되었다는 점이 문제다. 이미 자동차, 조선 등 조립 부문에서는 강성노조로 인해 생산성 대비 임금 수준과 절대 임금 수준 모두 한국 노동자의 임금 수준이 중국은 물론이요 선진국인 미국, 독일, 일본 등에 비해서도 높은 것으로 나타나고 있다.

그러면 이들 산업에서 이렇게 높은 임금 수준에도 불구하고 왜 지금까지 자동차나 조선 수출이 증가되어 왔을까? 그것은 이들 제품 생산에 투입되는 2차, 3차 하청업체들의 부품 단가를 후려쳐서 채산을 맞춰 왔기 때문이다. 그러던 것이 신정부 출현 이후 추진된 최저임금 대폭 인상, 비정규직의 정규직화, 큰 폭의 근로시간 단축 조치로 인해 부품 생산업체 종업원 임금이 생산성 이상으로 급등하게 되었고 결과적으로 한국 수출품의 가격경쟁력이 급락하여 이들 부분의 수출 증가율이 하락하고 있는 것이다.

또 하나 지적해야 할 중요한 점은, 신정부 들어 공정거래위원회에서 기업 지배구조 개선을 이유로 기업집단 내 기업들 간 상호 출자를 철저히 배제시키고 소액주주 우대정책을 추구함에 따라 개별 기업들의 경영 구조가 극히 취약해져 있다는 것이다. 최고경영층은 안정적이고 장기적인 경영 전략을 세우기보다는 엘리엇의 공격에 대한 방어에 급급하고 있다.

마지막으로 미 트럼프 정권의 출범 이후 세계 경제에 보호주의가 범람하여 종래의 한국 수출 시장이 크게 위축되고 있다는 점도 한국 수출을 둔화시키는 중요한 요인의 하나가 되고 있다는 점을 지적하지 않을 수 없다.

최근 한국 수출의 침체 현상을 이렇게 진단할 수 있다고 한다면 이러한 침체는 일시적 경기 순환적인 현상이 아니므로 원인별 적합한 대응책이 요망된다.

그 대응책으로서, 먼저 임금 상승에 상응한 생산성 향상에 국가적 역량을 집중시켜야 한다. 신정부는 복지 증대에 역점을 두고 있다. 물론 빈부 격차가 심각한 한국 경제의 현실에 비추어 보면 복지 증대는 필요하다. 다만 그 지출 방식을 생산성 증대와 철저히 연동시킴으로써 대대적인 생산성 향상 운동을 전개해야 한다.

최근 남북 간 경제 협력의 필요성이 크게 대두되었는데, 경제 협력 자금을 확보하기 위해서라도 수출경쟁력 강화를 통한 수출 증대가 절실하다. 이를 충족시키기 위해서는 인건비 이상의 생산성 증가를 실현하기 위한 국가적 차원의 생산성 향상 운동을 조직적이고 체계적으로 전개해야 할 것이다.

그러한 활동의 일환으로서 모기업과 무수한 하청 업체들 간 협력 체제를 강화하여 일본 기업들에서 보는 바와 같이 모기업의 높은 기술력과 경영 능력을 하청 기업들에 전파시키면, 하청 업체들의 생산성 향상에 크게 기여하게 될 것이다

그간 한국 경제는 급성장을 추진하는 과정에서 소수 기업들에 기술과 경영자원을 집중시키는 방법을 택해왔다. 그러므로 기업 지배 구조를 개선시킨다는 이유로 이들 대표적 기업집단들을 약화시키면 그만큼 한국 경제도 약해질 수밖에 없다.

대한항공 사태에서 드러나는 것과 같은 비리는 철저히 제거해야 하나 한국 기업의 경영 구조를 약화시켜 엘리엇 같은 투기 자본에 휘둘리게 해서는 안 된다. 우리도 선진국과 같이 차등의결권, 포이즌 필 제도를 채택함으로써 기업이 안정적인 경영 구조 기반 위에서 경쟁력 강화를 위한 종합적인 대책을 수립할 수 있도록 해야 한다.

그간의 경험에서 알 수 있는 것처럼 환율 안정은 절대적으로 필요하다. 환율 안정을 위한 직접 개입은 인정되지 않고 있으므로, 금융 정책이나 외화의 수요·공급 과정에서의 적절한 대책을 통해 수출경쟁력을 유지할 수 있는 수준의 달러 대비 원화가치를 유지하도록 해야 한다.

보호주의를 채택하고 있는 미국이나 때때로 시장경제를 무시하는 중국에게 더 이상 휘둘리지 않기 위해서는 동남아나 인도 등 한국 경제와 보완성이 높은 경제권과의 긴밀성을 일층 강화하는 제반 대책을 강구할 필요가 있다.

그 방법으로, 이들 국가들과 협력하여 IT, SOC, 금융 등 한국과의 교역 확대·강화로 연결되는 제반 인프라를 충실화해야 한다. 그러면 이들 국가들과의 경제 보완성이 크게 높아지고, 그만큼 미국과 중국 경제에의 의존성을 낮출 수 있어 통상환경의 안정도를 높일 수 있을 것이다.

부존 조건의 특수성으로 인해 국제 분업 구조에 편입되어 경제 발전을 추구하는 한국 경제로서는 튼튼한 국제경쟁력이 생존의 필수 조건이라는 점을 명확히 인식하고 그 대응책 수립에 임해야 할 것이다.

31. 남북 경제 협력 어떻게 추진할 것인가

2018. 6. 한국경제신문

6월 12일 북미정상회담이 원만하게 이뤄지면 남북 경제 협력도 급물살을 탈 것으로 예상된다. 지금 언론 보도대로라면 회담은 대체로 순조롭게 진행될 것으로 보인다. 이제는 남북 경제 협력을 어떻게 전개할 것인가를 논의할 단계인 것으로 생각된다.

경제 발전 단계를 기준으로 남한 경제와 북한 경제를 비교해 보면, 남한 경제가 첨단 기술 산업에 비교우위를 지니는 데 비해 북한 경제는 노동집약적 경공업 단계이다. 또한 남북한이 인접하고 있으므로 가능한 한 하나의 서플라인체인을 구축하여 발전시켜 가는 것이 세계 경제 속에서의 남북 각각의 경제 발전에 유리할 것이다.

남한 경제는 북한 경제에 비해 자본과 기술 축적에 있어서 월등하다. 북한 경제는 양질의 저임금 노동자와 지하자원을 풍부하게 보유한 반면 산업화에 필요한 인프라가 매우 부족하다. 이상의 전제 조건하에서 남북이 윈윈(win-win)하는 경제 협력을 추진하기 위해서는 무엇보다도 북한의 공업화를 위한 인프라 구축에 착수해야 하고 동시에 지하자원 개발을 대대적으로 전개해야 한다.

지하자원의 개발은 북한 경제의 경제 개발에 필요한 자금을 확보하기 위함이다. 개발된 자원을 경제 발전 자금으로 전환하기 위해서는 한국 종합상사의 역할이 요구된다. 종합상사들은 북한의 자원을 일차적으로는 남한 경제의 수요에 연결시키고, 나아가서 자신들이 보유한 해외 네트워크를 통해 세계 시장에 판매함으로써 북한 경제 발전 기금 확보에 역할을 할 수 있다.

우리는 개성공단 운영을 통해서 북한 노동자의 질과 임금 수준을 어느 정도 파악하고 있다. 한국의 각 산업에서 북한 노동자들을 어떤 부문에 활용할 수 있을 것인가를 객관적으로 점검하여 제2, 제3의 개성공단을 만든 후에 기업들을 공단으로 유도해 가야 할 것이다.

남북 간 경제 협력 관계를 확대, 심화하기 위해서는 협력 과정에 참여하는 각 레벨의 북한 종사자들이 남한 경제의 요구에 적절히 적응할 수 있도록 '기술·기능인력 훈련센터'를 설립하여 남한식 기술·기능 훈련을 체계적으로 실시해야 한다.

남북 경제를 긴밀화시킴에 있어서 가장 필수적인 인프라의 하나가 정보·통신 시스템의 표준화와 공유화라고 할 수 있다. 가능한 빨리 동일 체계의 남북한 정보·통신 시스템을 정착시켜야 할 것이다.

북한에서 대형 자원 개발, 인프라 정비, 그리고 플랜트 건설을 추진할 때 남한 기업 단독으로 추진하는 것보다 일본, 미국 등 선진 기업들과 컨소시엄을 형성하여 추진하면 작업의 효율적 추진과 리스크 분산이라고 하는 일석이조 효과를 거두게 될 것이다.

남북한이 동일 민족이라고는 하지만 오랫동안 교류가 없었던 관계로 대규모 경제 교류가 시작되면 생각, 관행, 제도의 차이로 인해 필연적으로 적지 않은 마찰이 생길 것이다. 따라서 사전적으로 남북 간 차이를 면밀히 파악하여 그 조정 방법을 강구해 두면 협력 사업을 월등하게 효율적으로 추진할 수 있을 것이다.

남한 경제는 주지하는 바와 같이 대외지향적 성장정책의 결과 국제 분업 구조 속에 강하게 뿌리를 내린 경제 구조라 할 수 있다. 남북 간 경제 협력의 추진도 이러한 남한 경제의 성격과 궤를 같이하지 않을 수 없다. 결국, 남북 간 협력도 양국 각각의 비교우위를 적절히 보완하는 방향으로 가되, 그 협력이 동아시아 경제 나아가서 세계 경제의 분업 구조와 궤를 같이하도록 추진되어야 할 것이다.

32. 생산성 향상과 역내 공동 시장 창설에 전념할 때이다

2018. 7. 한국경제신문

한국 경제가 침체 국면으로 진입하기 시작했다는 점에 대해선 대체로 의견이 일치하고 있다. 세계 경제는 그런대로 활기를 띠고 있는데, 왜 한국 경제만 침체 상태인가에 대해 다소 견해 차이가 있겠지만, 소득주도 성장정책의 일환으로 추진된 최저임금 인상을 감당하지 못한 영세·한계 기업들이 대거 퇴출되는 과정에서 실업이 오히려 증가되고 빈부 격차가 확대되면서 초래된 면이 크다고 생각된다.

거기에다가 트럼프 정권에 의해 추진되고 있는 보호무역주의도 대외 의존도가 높은 한국 경제의 침체에 영향을 미치지 않을 수 없었다. 앞으로 본격화할 미중 무역전쟁은 해외 시장의 축소를 초래하여 한국 경제 침체를 더욱 가속시킬 것으로 예상된다.

금후 국내 경제 활동을 위축시킬 것으로 예상되는 또 하나의 정책 요소는 근로시간 단축이다. 주당 법정 근로시간이 현행 68시간에서 52시간(법정 근로 40시간+연장 근로 12시간)으로 단축됨에 따라 적지 않은 기업들이 당혹감을 감추지 못하고 있다. 결국, 이 제도에 제대로 적응하지 못하는 기업들이 속출할 것이고 이에 따라 한국 경제의 침체도 심해질 것이다.

이러한 대내·대외적 환경 속에서 한국 경제는 침체 상태 극복을 위해 어떠한 대응 전략을 세워야 할까? 먼저 대내 정책을 살펴보자. 최저임금 인상과 근로시간 단축의 부작용에 대한 대응책으로 노동생산성 향상에 총력을 기울여야 한다. 이미 인건비는 올랐고 노동 시간은 줄었다. 노동생산성은 그대로인데 노동 코스트만 높아진 것이다.

이러한 현상의 출현은 한계기업을 도산으로 몰아가고 일부 경쟁력을 갖춘 기업을 제외한 적지 않은 기업들의 수익성을 크게 악화시킬 것이다. 더욱이 한국 기업들은 수출의존도가 매우 높은 관계로 코스트 인상 요인을 가격에 전가시킬 수 없으므로 수익성이 저하되고 고성능 시설 투자도 제대로 이뤄지지 못할 것이다.

이에 대처하기 위해서는 정책 당국의 주도로 근로자의 숙련과 기술 수준 향상에 전력 투구함으로써 코스트 인상분에 상응하는 생산성 향상을 실현해야 한다. 저소득층에 일방적으로 지불되는 이전소득을 그들의 노동생산성을 높이는 데 사용한다면 지속적인 소득 증대 효과를 발생시킬 뿐만 아니라 한국 경제의 대외 경쟁력 제고에도 기여하게 될 것이다.

트럼프 정권의 보호무역 정책과 그 일환으로 대두된 미중 무역전쟁은 기술한 바와 같이 무역의존도가 높은 한국 경제를 크게 흔들 것이다. 이러한 불안한 상태를 극복함에 있어서 우리가 주목할 필요가 있는 것이 트럼프의 보호무역주의에 당당히 맞서고 있는 EU(유럽연합)의 존재이다. 유럽 27개국이 EU를 형성하고 있기 때문에 미국 경제에 충분히 대응할 수 있는 마케팅 파워를 가지게 되어 트럼프의 일방적인 보호무역 정책에도 역내 독일, 프랑스 등 개별 국가들은 크게 위축됨이 없이 당당하게 맞서고 있다.

무역의존도가 높은 소국인 한국 경제로서는 대국인 미국 경제의 보호무역주의에 극히 약한 입장일 수밖에 없다. 이러한 불안한 통상환경을 극복하는 방법으로는 역내 공동 시장의 구축이 최선이다. 그 추진 방법으로서 우선 환태평양경제동반자협정(TPP) 가입을 서두름과 동시에 역내 공동체적 존재인 역내포괄적경제동반자협정(RCEP) 구축에 전력을 다해야 한다.

트럼프의 보호무역주의로 인해 RCEP가 구축될 환경이 무르익었다고 할 수 있는데, 그 존재를 어느 나라보다 절실히 필요로 하는 한국으로서는 면밀한 연구를 토대로 RCEP 성립을 위해 전력 투구해야 할 것이다. 현 단계에서는 RCEP 성립을 시야에 두면서 역대 개별 국가들과의 경제적 긴밀도를 강화하기 위한 체계적이고도 집요한 노력이 요구된다. 그러한 노력은 설사 RCEP가 성사되지 않더라도 한국 경제의 대외 관계를 안정시키는 데 크게 기여할 것이다.

한국 경제에 엄습해 오는 보호무역주의의 파고를 극복하고 더 이상 침체 상태로 빠져들지 않기 위해선 위기의식을 가지고 국가의 총역량을 생산성 향상과 역내 공동 시장 창설에 집중해야 할 것이다.

33. 경제 활기를 살려내야 한다

2018. 8. 한국경제신문

문재인 정부 출범 이후 '소득주도 성장'이라는 기치 아래 최저임금 인상 및 비정규직의 정규직화 등을 통한 소득 분배구조의 평준화와 내수 확대를 실현하는 방식의 경제 성장정책이 추진돼 왔다. 그런데 1년여가 지난 이 시점에서 소득분배는 더 악화되었고 미국, 일본을 비롯한 세계 경제는 활기를 띠는 데 비해 한국 경제는 오히려 침체되어 왔다는 것이 일반적인 평가이다.

그렇다면 한국 경제는 왜 침체되어 왔을까? 무엇보다도 경제 활동의 주체인 기업인들이 활동 의욕을 상실한 데서 비롯된 것으로 보인다. 의욕 상실의 국면을 살펴보면 그 첫째가 꽉 막힌 규제이다. 미국, 중국, 일본 등 주요 국가들이 4차 산업혁명의 흐름에 맞추어 드론, 빅데이터, 바이오, 원격의료 등의 분야에 과감하게 진출하고 있는 데 비해 한국에서는 기득권 세력과 시민단체들의 완강한 반대에 직면해 한 치의 진전도 없는 실정이다.

둘째는 한국의 대표적 기업들이 전 정권과 비상식적으로 연루됐다는 이유로 이른바 적폐 세력으로 몰려 재판에 계류 중인 경우가 적지 않다. 이에 따른 반기업 정서로 인해 운신의 폭이 좁아져 있다.

셋째는, 주지하는 바와 같이 최저임금의 급등과 큰 폭의 노동 시간 단축 및 그리고 그 비신축적 운영, 나아가서 비정규직의 정규직화 요구로 인해 노동생산성 이상으로 임금이 급등해 중소·영세 기업들 중 적지 않은 기업주들이 일손을 놓아버린 형국이 되었다.

이상에 걸친 요인으로 한국 경제가 심각한 침체 국면으로 치닫게 되자 문재인 대통령이 선두에 서서 혁신 성장을 강하게 추진하겠다는 의지를 보이고 있다. 최근에는 인터넷 전문은행에 한정해 혁신 IT 기업이 자본과 기술 투자를 확대할 수 있어야 한다며 규제 완화를 촉구했다. 그런데 이러한 규제 완화 추진에는 기술한 바와 같이 기득권 세력과 시민단체들의 완강한 반대가 예상되는데, 정책 당국이 얼마나 강력한 의지를 가지고 규제 완화를 추진할 수 있을 것인가가 주목되는 점이라고 하겠다.

여기서 분명히 지적되어야 할 점은 규제 완화를 실현시켜 당해 분야에 혁신 기술 기업들의 대대적인 진출을 불러일으켜 새로운 산업 생태계를 만들어 내지 않으면 고용 기회도 축소되고 한국 경제는 국제경쟁에서 빠르게 낙후되어 갈 것이라는 점이다. 따라서 제 분야에 걸친 4차 산업혁명을 성공적으로 안착시키기 위해서는 기득권의 저항을 최소화하기 위한 대책도 치밀하게 수립해야 한다. 가령 원격의료의 실시에 따라 기존 병원들이 수익 감소가 초래된다면 영업세 감면 등 가능한 수단을 동원해서 그들의 수익 감소를 최소화하여 저항을 줄이는 등의 대책을 강구해야 할 것이다.

대표적 기업들이 적폐 세력으로 몰리거나 반기업 정서로 인해 격리되는 것은 국가 경제의 발전에 극히 바람직하지 못하다. 그간 한국 경제의 급성장 과정에서 한국의 인적, 물적, 혁신적 경영자원이 이들 대표 기업들에 집중됐다. 이들 기업들이 활기를 잃는다는 것은 첨예한 국제경쟁 속에서 그만큼 한국의 국제경쟁력이 낙후된다는 것을 의미한다.

그런 의미에서 정책 당국도 이들 대표 기업들이 활력을 되찾을 수 있도록 적절한 조치를 취해야 하고, 대표 기업들로서도 국민적 지지를 회복하기 위한 적극적인 노력이 요구된다고 하겠다. 금번에 삼성그룹이 180조 원의 투자 계획을 발표했는데, 그 규모도 중요하지만 추진 방식이 2차, 3차 협력 업체까지 지원하고 대규모 ICT 인재 양성 플랜까지 포함하고 있어 주목된다. 고립된 존재로서가 아닌 국민 속에 적극적으로 파고들겠다는 의지를 보였다는 점에서 가치가 있다고 하겠다.

최저임금 인상은 중소·영세 기업들이 감당할 수 있는 수준을 넘지 않도록 해야 하고, 그 임금 수준이 충분하지 못하다고 생각되면 저임금 계층에 한정하여 이들에게 그 부족분을 정책적으로 지원하게 되면 중소·영세 기업들의 경영을 압박하지 않으면서도 한계 임금자들의 최저생계비를 보장하게 될 것이다.

치열한 국제경쟁 시대에 우리끼리 치고받아 경제 주체들의 일할 의욕을 떨어뜨려서 4차 산업혁명이라는 중요한 전환기적 시기에 발전의 기회를 놓친다면 이보다 더 어리석은 노릇은 없다. 기업들의 활기를 살리면서 비합리적이고 왜곡된 부분을 적절히 개선시켜 가는 지혜가 절실히 요구된다고 하겠다.

34. 소득주도 성장 무엇이 문제인가

2018. 9. 한국경제신문

지금 한국 경제는 경기침체가 심화되고 이에 따라 실업률이 증가하고 있다. 특히 청년 실업은 심각한 상태라고 할 수 있다. 한국 경제가 이러한 상태로 악화된 것은 신정부의 소득주도 성장정책과 깊이 관련된 것으로 평가받고 있다.

저소득 계층의 소득 증대를 위해 최저임금 수준을 급등시키고, 법적 노동 시간을 축소시킴으로써 근로자의 실질소득 증대와 일자리 확대를 실현한다. 이를 통해 소비를 증대시켜 경기를 활성화시켜 보자는 것이 소득주도 성장론자들의 당초 구상이었던 것으로 보인다. 그들은 이러한 경기침체에도 불구하고 금년 말이나 내년 봄부터는 정책의 효과가 나타나 소비 증가와 경기 활성화가 실현될 것이라는 기대를 저버리지 않고 있다.

어떤 정책이 추진되면 그 효과가 즉각적으로 나타나는 것이 아니고 정책 효과가 나타나기까지 어느 정도 시간이 걸리는 것이 불가피한 경우가 적지 않다. 최저임금 수준의 대폭적인 증가를 통한 저소득 계층의 실질소득 증가와 근로시간 단축을 통한 고용 증가가 소비 증가로 나타나기까지는 어느 정도 시간이 걸릴 수 있다는 점도 부인할 수 없다.

그러면 소득주도 성장론자들의 예상대로 과연 시간의 경과와 더불어 소비 증가 및 경기 활성화 효과가 나타날 것인가? 결론적으로 그 효과는 기대하기 어려울 것이고, 지금의 정책 '틀'을 견지하는 한 경기는 더욱 악화되어 갈 것이다. 그 논리적 근거를 살펴보기로 하자.

한국 경제의 경우 개방 경제 정책을 추구해 온 관계로 전체 GNP에서 수출이 점하는 비율이 50%를 넘고 있다. 이것이 뜻하는 의미는 사실상 수출 소득에 의해 상당 부분의 내수가 결정되는 구조라는 것이다. 따라서 근로자의 생산성 향상 없는 임금 인상이나 근로시간 단축은 노동생산성 대비 노동 코스트를 높임으로써 수출경쟁력을 떨어뜨리게 되어 수출 소득의 하락을 초래할 수밖에 없다.

수출 시장은 대체로 완전 경쟁 시장이다. 생산성 상승이나 기술 혁신이 없는 한 코스트 인상분을 수출 가격에 전가시킬 수 없다. 따라서 수출업자로서는 기업 내 불요불급한 코스트의 억제를 통해 채산을 맞추어 수출하게 된다. 그리고 그러한 대응은 결과적으로 그만큼 내수를 축소시키게 된다.

구체적으로는 설비 투자 축소, 고용 축소, 하청 업체로부터의 납품 수량 및 납품 가격 조정 등의 형태로 나타나게 된다. 수출기업들의 이러한 조치는 마크로적으로 볼 때 내수를 크게 축소시키게 된다. 이러한 조정 행위 자체가 수출 축소로 연결될 뿐 아니라 수출 소득에 의존하는 무수한 요식업과 유통업 등 일련의 서비스업의 수요 축소로도 연결되어 고용 조정을 불가피하게 함으로써 소비 위축과 경기침체로 갈 것이다.

강성노조가 포진하고 있는 대기업 정규직 근로자들의 임금 증가에 의한 소비 증가 효과보다도 노동생산성 하락에 의한 수요 축소 효과가 월등히 커질 것이다. 한국 경제에서 노동생산성 증가 없이 지금과 같은 소득주도 성장정책이 추진되는 한, 위에서 기술한 논리적 근거에 의해 한국 경제의 소비 축소와 경기침체는 불가피할 것이다.

그러면 현재의 경기침체를 어떻게 극복해가야 할 것인가? 노동생산성 상승을 뛰어넘는 과도한 임금 인상을 자제하고 근로시간의 신축적 조정을 실시함으로써 기업의 국제경쟁력이 약화되지 않도록 해야 한다. 나아가서 정책 당국과 기업, 대학 들이 협력하여 기술, 기능 인력의 생산성 향상을 위한 대대적인 기술 개발, 기능 훈련 활동을 전개할 필요가 있다.

더욱이 지금은 4차 산업혁명라고 하는 고도 기술 개발기이다. AI, IOT, 빅데이터 등 혁기적인 생산성 증가를 실현시킬 수 있는 이들 기술을 자국에 정착시키기 위해 각국이 필사적으로 노력하는 시기이므로 우리도 여기에 철저한 대응이 요구된다고 하겠다.

결국 저소득층의 큰 폭의 소득 증대 정책이 경기침체로 연결되지 않고 소비 증대와 경기 활성화로 연결되기 위해서는 소득 증대에 상응하는 높은 생산성 향상을 실현시키기 위한 치밀한 기술 개발 노력이 병행되어야 할 것이다.

35. 국제 유통 시장 돌출 3대 악재, 어떻게 대처할 것인가

2018. 10. 한국경제신문

지금 국제 유통 시장에는 세 가지 악재가 돌출한 것으로 보인다. 미국 FRB에 의한 고금리 추진, 트럼프 정권의 보호무역주의 추진에 따른 고율 관세 적용, 그리고 트럼프 정권의 이란 제재로 인한 원유 가격의 급등이 그것이다.

FRB에 의한 고금리가 진행됨에 따라 국제 유동성이 미국으로 집결되고, 이로 인해 국제 유동성이 준비되지 않은 적지 않은 신흥국들의 외환 사정이 악화하고 있다. 이미 아르헨티나 등의 국가들이 IMF에 구제금융을 신청하고 있지만, 시간의 경과와 더불어 미국의 이자율이 더욱 상승해 갈 것이고, 이에 따라 신흥국들의 국제 유동성 고갈은 더욱 심해져 갈 것이다. 국제 유동성 부족으로 국제 무역이 크게 위축될 것으로 예상된다.

또한 보호무역주의 강화에 따른 관세율 경쟁도 심화되어 갈 것으로 예상된다. 미중 간 관세 높이기 경쟁으로 양국 간 무역은 축소되어 갈 것이다. 이러한 경향은 이미 구성원 상호간에 강한 의존 형태로 되어 있는 세계 경제로 파급되어 갈 수밖에 없다.

특단의 대책이 이뤄지지 않는 한 세계 무역의 축소도 불가피할 것으로 전망된다. 미국의 대이란 금수 조치가 원유 가격의 급등을 초래하고 있어 원유의 해외 의존도가 높은 한국과 일본 경제는 큰 타격을 받을 수밖에 없다.

이상에 걸쳐 최근에 이르러 크게 부각되고 있는 국제 유통 시장의 원활한 흐름을 위축시키는 악재들을 점검해 봤다. 이러한 요인들로 인해 세계 경제가 악화되어 가면 IMF 등 국제 기구와 G7, G20 회의 등에서 이 사태를 타개하려는 움직임이 나타나긴 하겠지만 해외 경제 의존적 경제 발전을 추구해 가고 있는 한국 경제로서는 특단의 대책 수립이 요구된다. 한국 경제의 입장에서 간단히 그 대응책을 제시해 보기로 한다.

먼저 미국 금리 인상에 따른 신흥국들의 국제 유동성 고갈에 대한 대책으로서 1차적으로 구상무역적 접근을 적극화할 필요가 있다. 가령 한국의 중요한 통상 국가인 인도네시아나 인도와의 교역에서 국제 유동성 부족 문제가 발생하면 그들 국가들이 가진 자원 등과 우리의 공산품을 맞교환할 수 있다.

자원이나 공산품의 국제 가격이 존재하므로 종합상사 등이 중심이 되어 거래를 성립시킬 수 있을 것이다. 경우에 따라서는 한국의 원화와 그들 국가의 통화를 주고받는 식으로 대체할 수도 있을 것이다. 이런 성격의 구상무역을 원활히 추진하기 위해서는 사전에 면밀한 계획을 수립하고 그러한 형태의 거래에 필요한 지식을 축적해 둠으로써 거래에 따른 혼란을 막아야 한다. 이 구상무역 방식을 잘 활용하면 우리나라의 주요 통상 국가들과의 관계도 보다 긴밀하게 발전시킬 수 있다.

보호무역주의로 인한 피해를 줄이는 방법 중에서는 역내 국가들과의 경제공동체 형성을 통해 역외 국가들과의 교역에서 바게닝 파워를 높이는 것이 가장 중요하다. 미국과 EU 국가와의 교역에서 목격하는 바와 같이 이미 EU라는 강력한 경제공동체가 형성되어 있기 때문에 미국이 중국, 일본 및 한국과의 통상교섭에서 볼 수 있는 것과 같은 일방적인 주장이 통하기 어렵다.

따라서 지금 역내 경제공동체로서 RCEP가 논의되고 있는 만큼 일본, 동남아 등 역내 국가들과 긴밀한 협의를 통해 RCEP의 성립을 위해 최대한의 노력을 경주해야 한다. 역내 국가들이 통상 관계에서 미국의 일방주의에 시달리고 있으므로 RCEP 성립을 위한 여건은 형성되어 있다고 할 수 있다.

원유의 급등을 회피하는 방법은 지금 문재인 정부에 의해 추진되고 있는 탈원전 정책을 수정하는 것이다. 원유의 가장 큰 수요처의 하나가 전력 발전소이므로 국내의 기존 원자력 발전소의 활용을 높이면 그만큼 원유 수입을 축소시킬 수 있을 것이다.

한국 경제의 발전 구조는 높은 무역의존도로 나타나는 바와 같이 국제 분업 구조에 빌트인(built-in)되어 발전해 가는 특징을 가지고 있다. 따라서 그러한 발전방식을 선택한 이상 국제 통상환경의 변화를 정확히 파악하고 그 변화에 적절히 부응해 가는 것이 절대적으로 필요하다.

36. 한국형 경영 리더십 전문가 양성이 필요하다

2018. 11. 한국경제신문

현재 한국 경제 발전에 가장 큰 걸림돌이 노사 대립이라는 사실을 부인하는 사람은 없을 것이다. 노사관계법이 제대로 정립되지 못해 노사 분규에 효율적으로 대처하지 못하는 면이 적지 않지만, 노사 문제의 일차적 해결 당사자는 누구보다도 기업 현장에 있는 경영자와 근로자라는 사실은 부인할 수 없다.

주지하는 바와 같이 한국은 수출이 GNP의 50% 이상을 점하는 압도적 수출 의존 국가이다. 따라서 대외 경쟁력을 상실한 기업은 생산 현장에서 퇴출될 수밖에 없다. 그런 까닭에 노사 대립이 격화되어 도를 넘어서면 생산 활동이 원활하지 못해지고, 해당 기업의 대외 경쟁력이 약화돼 퇴출 위기에 놓이게 될 것이다.

기업이 퇴출되면 관련 기업의 경영자도 노동자도 모든 것을 잃게 된다는 것은 말할 필요도 없다. 그런 의미에서 특정 기업의 경영자와 노동자는 같은 배에 탄 공동 운명체인 것이다. 결국 기업이 대외 경쟁력을 상실해서 퇴출되는 것을 막아야 한다는 것에 대해 경영자도 노동자도 같은 입장이라는 사실은 분명하다.

노사의 극한 대립으로 인해 기업이 파산해서 경영자와 노동자가 다같이 경제적 어려움에 직면하게 된 경우를 적지 않게 목격하게 된다. 노사 대립이 기업 파산으로까지 이어지는 것은 경영자도 노동자도 원하지 않을 것이다. 그럼에도 불구하고 노사의 극한 대립으로 경영 파탄으로 가게 되는 것은 경영 리더십의 부재에 기인하는 경우가 적지 않다. 그런 의미에서 지금 한국 기업경영에서 극히 중요하면서도 제대로 인식되지 못하고 있는 경영 리더십을 어떻게 충족시킬 것인가에 대해 적극적인 대응책을 수립해야 될 때라고 생각된다.

특정 산업의 특정 기업에서 요구되는 경영 리더십은 단지 일반적인 리더십론에서 제시되는 자질을 충족하는 것에 그치지 않는다. 당해 기업에서 어떠한 과정을 통해 노사 대립이 심화되었는지와 그때그때 본질적인 해결책을 제시하지 못하고 임시 미봉책으로 대처함으로써 오히려 노사 문제를 더 복잡하고 더 어렵게 만들어 버렸다는 점을 충분히 이해해야 한다. 나아가서 당해 산업의 업종적 성격에서 비롯된 특유의 노사 갈등의 측면까지 충분한 이해해야 하겠다.

특정 산업의 특정 기업이 직면한 노사 갈등에 효율적으로 대처하기 위해서는 앞에서 설명한 관점에 대한 충분한 파악을 토대로 한 접근이어야 할 것이다. 여기서 '한국형'이란 한국인의 기질, 남북 대립 및 오랜 세월에 걸친 권위적인 정부의 존재로 인한 권위주의적 경영 리더십의 흔적을 경영 리더십 정립 과정에 충분히 고려해야 한다는 의미이다.

지금 한국에서 탁월한 경영 리더십이 강하게 요구되는 곳 중 하나가 자동차 산업의 현대자동차라고 할 수 있을 것이다. 이대로 방치하면 현대자동차는 장래에 극심한 경영난에 직면할 것으로 보이기에 특단의 대응책이 요구되고, 그 대응책의 핵심적 요소로서 경영 리더십의 확립이 절실하다고 하겠다.

현대자동차로서는 리더십의 자질을 갖춘 직원을 선발하여 기술한 내용을 학습시킴과 동시에 직원 속으로 노조 속으로 파고들게 하여 그들의 본질을 파악하게 하고 나아가서 그들을 설득할 수 있는 능력을 배양하여 경영진과 노동조합과의 대립을 적절히 조정할 수 있도록 양성해야 할 것이다.

노사 문제는 개별 기업의 문제이기는 하나 동 문제가 국민경제에 미치는 영향을 감안할 때 정부가 각별한 문제의식을 갖고 특단적 대책을 마련해야 할 단계에 이르렀다. 정부도 기업경영의 안정, 나아가서 선진 경제로 가는 길에 노사 안정이 얼마나 중요한지에 대한 인식을 확고히 함으로써 경영 리더십 인력 양성 프로그램의 정비 등 노사 안정화를 위한 제반 인프라 구축에 각별한 노력을 기울여야겠다.

37. 경영 주체들의 사기 진작이 시급하다

2018. 12. 한국경제신문

문재인 정권 출범 이후 오늘에 이르기까지의 경제 성과가 참담하다. 실업률은 증가했고 분배구조는 악화됐으며 심지어 기업과 사람이 이 나라를 떠나고 있다. 어떻게 하면 이 나라에 경영 활기를 되찾게 할 것인가가 시급한 과제라고 하겠다.

그 접근 방법으로서는 무엇보다 이 땅의 기업인들이 의욕을 가지고 기업 활동에 전념할 수 있도록 하는 경영환경의 조성이 시급하다. 그간 대기업들은 적폐 대상으로 지목되어 여러 가지 형태의 시달림을 당했다.

중소기업들은 소득주도 성장정책의 추진에 따른 생산성을 넘는 임금 수준의 급등으로 인해 심한 경영 압박을 받고 있다. 전 기업인들이 경영 의욕을 상실하고 있는 것이 현재 한국 기업인들이 처한 경영 실태이다.

일국의 경영 발전에 있어서 기업인들을 위시한 경영 주체들이 의욕에 차 기업 활동에 임하느냐 그렇지 못하고 기가 죽은 채 기업 활동에 임하느냐는 동일한 경영환경 아래 경영 성과에 있어서 엄청난 차이를 발생시킨다. 따라서 한국 경제의 침체 상태를 극복하기 위해선 기업인들의 '기업하고 싶은 의욕'을 북돋우는 것이 무엇보다 우선시되어야 할 과제라고 하겠다.

미중 무역전쟁에서 목격하는 것처럼 오늘날의 전쟁은 경제 전쟁으로 나타나는 경우가 보편적이다. 글로벌 시대의 경쟁 전쟁에서 우리끼리 치고받아 봤자 우리만 움츠러들고 만다는 사실을 명확히 인식하고 경제 전쟁의 일선에 서 있는 기업인들의 사기를 높이기 위한 특단의 대책을 수립해야 한다. 대기업의 경우, 큰 비리를 방치해서는 안 되겠지만 국제적 기준에서 특별히 문제가 안 된다면 가능한 한 경영 간섭을 극소화시켜 경영활동을 자유스럽게 할 수 있도록 보장해 주어야 한다.

중소기업의 경우, 노동생산성을 초과하는 임금 지불은 이미 확인되고 있는 것처럼 경영 압박 및 실업 증대만 초래함으로 임금 수준은 당해 중소기업의 지급 능력 내지 노동생산성에 의해서 결정되도록 맡기고, 임금이 생계 수준에 못 미치는 부분을 재정에서 보전시키는 방법을 채택하면 경영 압박과 실업 증대를 억제하게 되어 국가 전체적으로 보면 오히려 지금보다 지출을 줄이게 될 것이다. 이러한 조치는 지금 중소기업자들이 받고 있는 경영 압박을 완화시켜 중소기업 경영자들로 하여금 경영활동에 더욱 전념할 수 있게 할 것이다.

대기업 종사자와 중소기업 종사자 간의 그리고 정규직과 비정규직 간의 지나친 임금 격차는 중소기업이나 비정규직 종사자의 사기를 떨어트리고 있으며 청년층의 중소기업 기피 현상을 야기하고 있다. 대기업 종사자와 중소기업 종사자 간 임금 격차가 유럽이나 일본의 경우는 80% 수준인 데 비해 우리나라의 경우는 50% 남짓에 불과하다.

우리나라도 임금 격차를 유럽 수준까지 끌어올릴 수 있도록 제도적 조정, 중소기업 종사자의 기술교육 향상을 통한 생산성 향상, 그리고 강성노조의 결과물이기도 한 노동생산성에 비해 지나친 고임금의 적절한 조절 등을 적극적으로 추진해야 할 것이다.

이러한 방법을 통해 대기업 종사자와 중소기업 종사자 간, 그리고 정규직과 비정규직 간 임금 격차를 줄일 수 있다면 중소기업 종사자와 비정규직 종사자의 사기를 획기적으로 높이고, 중소기업의 경영 활기를 크게 진작시킬 것이며, 중소기업 고용도 지금보다 크게 증가하여 국내 소비 증대로 연결될 것이다.

중소기업과 대기업 간 이익공유제를 추진하겠다는 논의가 있다. 이러한 인위적 이익공유제의 추진은 대기업으로 하여금 중소기업과의 협력 관계를 기피하게 함으로써 오히려 중소기업 경영을 더 어렵게 할 것이다. 그렇게 접근하기보다는 다각적인 방법으로 중소기업의 경쟁력을 높이는 방법을 통해 사실상 이익이 공유될 수 있도록 하는 것이 필요하다.

치열한 국제 경제 경쟁 시대에서 일국의 경제적 생존과 발전을 위해선 국제경쟁 대열에 서 있는 각 경영 주체들이 자신감을 가지고 임해야 한다. 그런 의미에서 정책 당국은 대내적 비합리적 부분은 고쳐 나가더라도 그것이 지나쳐 대외적 자신감을 상실하게 한다면 그것보다 더 어리석은 짓은 없다는 점을 명확히 인식할 필요가 있다.

38. 경제 위기 극복 위해 경제 주체 간 타협점 찾아야

2019. 1. 한국경제신문

한국에 비해 기술 자본 축적이 높은 미국보다 금리가 낮음에도 불구하고 금통위가 금리를 올리지 못할 정도로 지금 한국 경제가 침체 상태에 빠져 있다는 사실은 부인하기 어렵다. 그나마 그간 세계 경제의 활성화에 힘입어 수출은 목표 달성을 해왔다고 할 수 있는데, 작년 말부터 세계 경제도 급속히 활기를 잃어가고 있어 금후 한국 경제는 더욱 침체되어 갈 것이라는 게 경제 전문가들의 공통된 견해이다.

문재인 정권이 시작된 이후 경제가 더욱 침체된 요인이 소득주도 성장정책의 추진이라는 점도 부인할 수 없는 명백한 사실이다. 노동생산성은 그대로인데 최저임금이 급등함으로써 한계기업들이 도산하거나 종업원을 대폭 줄여야 하는 지경에 이르렀고, 결과적으로 소비수요는 줄고 투자는 위축되어 경기침체가 이어졌다.

지난 1년간에 걸친 소득주도 성장정책의 초라한 성과에도 불구하고 정책 추진 측은 이것이 실패한 정책이라고 보지 않는 것 같다. 왜 그들은 객관적 사실에도 불구하고 실패한 정책임을 받아들이지 않는 걸까. 현 문 정권의 집권 기반인 민노총을 중심으로 한 정규직 노조들의 실질소득이 이 기간에 증가했으므로 시간의 경과와 더불어 소비수요가 증가하고 이에 따라 투자수요도 늘어날 것으로 확신하고 있는 것 같다.

그런데 여기서 그들의 인식에서 잘못된 것을 지적해 보도록 하겠다.

한국은 수출 의존도가 높은 국가이다. 생산성 이상으로 코스트가 증가하면 반드시 수출경쟁력이 약화된다. 따라서 수출을 지속시켜 나가려면 생산성 이상의 코스트 증가분을 어딘가에서 축소시키지 않으면 안 되는데 코스트 축소의 일환으로 인력 축소나 경쟁력이 약한 하청 기업 정리에 착수하게 된다.

결과적으로 국민경제 전체로서는 수요 축소로 인한 경기침체를 초래하게 되는 것이다. 더욱이 한국 대기업의 경우 강성노조의 존재로 인해 종업원들이 노동생산성 이상의 고임금을 누리고 있는데 작년과 금년에 걸쳐 최저임금 상승의 혜택까지 누리게 되었다. 결국 교섭력이 약한 한계기업과 한계인력만 정리됨으로써 한국 경제의 경기침체는 일층 가속화될 것이다.

경기침체와 관련해서 또 하나 지적해야 할 중요한 점은 4차 산업혁명의 추진을 어렵게 하는 문제이다. AI, 빅데이터, 자동운전, IOT, 드론, 원격진료 등 이른바 4차 산업혁명을 추진한다는 것은 단순히 새로운 산업 분야의 진출을 넘어서서 한국 경제의 경쟁력을 높여 선진국 경제와 경쟁하기 위해 필요불가결한 능률화를 실현시키는 작업이라고 할 수 있다.

그런데 이들 분야에 대한 투자도 기득권 그룹이나 이들과 긴밀한 관계를 가지는 시민단체들의 저항으로 인해 미국, 일본, 중국 등 경쟁국들에 비해 극히 부진하다. 4차 산업혁명에의 투자 부진은 단지 투자수요의 부진에 따른 경기침체에 그치지 않고 시간이 경과됨에 따라 한국 경제의 대외 경쟁력 약화로 연결된다는 점을 명확히 인식해야 한다.

이상에서 살펴본 바와 같이 한국 경제는 현 정권을 출범시킨 산파로

자처하는 민노총 및 시민단체들로 인해 단기적 경기침체뿐 아니라 중장기적 경쟁력 약화를 맞이하고 있다. 따라서 이들의 활동을 적절히 컨트롤하지 못하는 한 한국 경제의 미래는 극히 어둡다고 할 것이다. 그런데 정책 당국이 이들 이익집단들의 지지에만 매달려 이들의 지나친 요구를 적절히 관리하지 못하면 한국 경제는 침체로부터 벗어나지 못하고 낙후돼 갈 것이다.

그렇게 되면 그들 이익집단들의 이익도 하락해 갈 수밖에 없다. 따라서 민노총 및 시민단체 등 이익집단들의 요구는 한국의 경제 발전을 저해하지 않는 선에서만 수용해야 한다. 이것이 한국 경제 발전을 위해서는 물론이요, 그들 이익집단들의 중장기적인 이익을 지키기 위해서도 필요하다. 이러한 문제 인식을 가지고 접근한다면 기업들과 이익집단 간의 이해 조정도 적절한 균형점을 찾을 수 있을 것이다.

민노총 및 시민단체 등 이익집단들이 그들의 세를 믿고 지나친 요구를 하면 치열한 국제경쟁 속에서 궁극적으로 한국 경제와 공도동망할 수도 있다. 기업들과 이익집단 간의 적절한 타협점을 찾아내는 것이 공생하는 길이라는 점을 명백히 인식할 필요가 있겠다.

39. 미중 통상전쟁에 어떻게 대처할 것인가

2019. 2. 한국경제신문

트럼프의 등장과 더불어 시작된 미중 통상전쟁이 쉽게 해결될 것 같지 않다. 주지하는 바대로 미중 통상전쟁의 내용은 중국의 거대한 대미 경상흑자를 일거에 대폭 줄이라는 것이다. 또한 첨단 산업 육성에 초점을 맞춘 '중국제조 2025'를 추진하는 과정에서 미국 첨단 기술의 탈취를 중단하라는 것이다.

오는 3월 1일을 시한으로 하여 그 해결을 위해 미중 간에 통상 협상을 전개하고 있지만 사안의 성격상 그 기간 내에 협상이 타결되기는 어려울 듯하다. 타결되더라도 임시방편적이고 미봉적인 것에 그쳐 결국 협상은 장기화될 것으로 예상된다.

미중 통상전쟁으로 인해 중국 경제에 이미 상당한 악영향이 나타나고 있다. 미국 경제에도 좋지 않은 영향을 미치고 있는 것으로 보인다. G2인 미국과 중국의 통상전쟁은 양국의 경제에 그치지 않고 중국에 인접한 아시아 국가들은 물론 EU와 일본 등 선진국들에까지 그 악영향이 나타나고 있다.

중국과 미국 경제에의 의존도가 높은 한국의 경우 이미 대중, 대미 수출에 상당한 타격이 드러났으며 이 타격의 정도는 금후 더욱 확대되어 갈 것으로 전망된다. 따라서 한국 경제로서는 이러한 미중 통상 전쟁에 어떻게 대처할 것인가에 대한 시급하고도 진지한 검토가 요구된다.

대처 방식을 제시함에 있어서 분명히 인식해야 할 점은 첨단 산업 육성을 위한 '중국제조 2025'의 무리한 추진을 저지하려는 미국의 대응이 한국 경제에 반드시 불리하지만은 않다는 점이다. 그동안 중국 기업에 의해 설계도면의 탈취 및 기술 인력 빼가기 등 여러 가지 형태의 한국의 첨단 기술 빼가기 행위가 자행되어 왔음은 부인할 수 없는 명백한 사실이다.

그런 경험에 비추어 미국이 중국의 미국 첨단 기술 탈취를 근절시키겠다는 방침은 충분히 이해될 수 있다. 한국으로서도 적지 않은 부분까지 동조될 수 있다고 생각된다. 중국의 이러한 첨단 기술 산업 육성 방식으로 인해 한국은 이미 스마트폰과 반도체 등 제 분야에서 중국에 추월이나 근접을 허용했다.

'중국제조 2025'가 성공적으로 추진되면 한국의 첨단 기술 산업은 크게 위축되지 않을 수 없을 것이다. 그런 의미에서 중국의 첨단 기술 산업의 무리한 추진을 합리적 수준으로 조정한다는 것은 한국의 첨단 산업 발전을 위해서도 필요하다는 점을 명확히 인식할 필요가 있겠다.

나아가서 한국의 첨단 산업 발전을 위해서는 차제에 미국의 당해 분야와의 협력 관계를 일층 강화시키는 계기로 삼을 필요가 있다. 미국의 첨단 기술 개발 과정에 한국의 연구비와 연구 인력을 투입시켜 공동 개발하는, 말하자면 한미 간에 첨단 기술 개발을 위한 협력 체제를 강화하는 노력을 적극적으로 추진하는 것이 트럼프 정권에 의한 보호무역주의를 회피하는 하나의 방편이 될 것이다.

한편 미국의 러스트벨트 지역 산업 활성화를 위한 보호무역 정책에 대해서는 그들 저학력 백인 노동자들의 일자리 창출에 적합한 산업 부문은 한국이 최대한 양보하고 한국은 그러한 산업에 투입되는 소재와 부품 산업의 육성에 집중시켜 당해 산업 부문에서의 한미 간 보완적 발전을 이룰 수 있도록 하는 것이 트럼프식 보호무역주의를 극복하는 방향이 될 것으로 생각된다.

미중 통상전쟁에 따른 중국 시장 접근과 관련해서는 통상전쟁으로 인해 피해가 크게 발생하는 산업 분야를 제3국으로 적극적으로 이전시키는 전략이 요구된다. 이미 한국의 대중 수출은 그 비중이 과다한 것으로 평가되고 있다. 이 기회에 적절히 조정하는 것이 한국 경제를 위해서도 필요하므로 대중 수출 축소에 과민해질 필요는 없을 것이다.

그 축소분을 상쇄시키는 방법으로 인도 및 아세안과의 교역을 일층 확대해야 한다. 한국 정부로서는 한·인도 교역을 확대시키기 위한 인프라 투자를 확대시킴과 동시에 아세안과의 통상 확대를 위해서 제2의 베트남, 제3의 베트남을 창출해야 한다. 해당국 인적자원의 충실도와 임금 수준을 고려해 볼 때 특히 필리핀과 미얀마와의 통상 확대를 위한 정책 노력이 요구된다.

이상에서 살펴본 바와 같이 미중 통상전쟁에 대처함에 있어서 미국과는 연구개발 활동을 중심으로 보완성을 강화하도록 하고, 중국과의 통상 축소분은 인도나 아세안과의 확대를 통해서 극복해 가는 것이 현재 한국의 입장에서 가장 합리적인 선택으로 생각된다.

40. 침몰하는 한국 경제 어떻게 살려낼 것인가

2019. 3. 한국경제신문

최근 들어 한국 경제에 대한 염려가 점점 커지고 있다. 경제성장률이 하락하고 있고 실업률은 증가하고 있다. 저소득층을 위한 사회보장비용 증가에도 불구하고 빈부 격차가 오히려 확대된 것으로 나타난다. 더욱이 지금껏 크게 의존해 온 수출마저 감소하고 있어 한국 경제의 내일을 어둡게 느껴지게끔 한다.

많은 우여곡절에도 불구하고 그런데도 잘나가던 한국 경제가 왜 갑자기 하향곡선을 그리고 있는가. 그것은 현 정부 들어서 인재를 적절히 활용하지 못한 데서 비롯된 것으로 보인다. 한국 경제 발전의 청사진을 경제 전문가가 아닌 경영 전문가에게 맡김으로써 한국 경제에 적합한 발전 모델을 제시하지 못했다.

한국 경제는 이미 국제 분업 구조에 편입돼 있는 관계로 수출 상품의 국제경쟁력 확보가 필수 조건인데도 소득주도 정책을 추진함으로써 노동생산성 이상으로 임금 수준을 높여버려 근로자의 상당수를 해고로 몰아넣었다. 종래까지도 민노총을 중심으로 한 강성노조 집단들은 생산성 이상으로 고임금을 누리고 있었는데 소득주도 성장정책의 추진으로 그들의 임금 수준이 더욱 높아졌을 뿐 아니라 하청 업체들의 임금 수준마저 높아져 수출기업으로서는 고용 조정을 하지 않을 수 없었다.

고용 조정은 내수를 축소시켰고 내수의 축소는 내수형 영세 상인들을 고용 축소나 도산으로 몰아갔다. 이러한 정책 실패로 인해 늘어난 실업자를 구제하기 위해 일자리를 창출하려는 정책적 노력을 하지만 고용이 증가할 만한 환경은 조성되지 않고 있고 이미 확인되고 있는 바대로 막대한 예산만 낭비될 뿐 고용 증가 효과는 미미한 상태이다.

노동생산성을 고려하지 않은 고임금과 노동 시간 단축이라는 새로운 기업 환경으로 인해 기업들은 기업하기 좋은 환경을 찾아 해외로 생산기지를 옮기고 있다. 기업들의 해외 진출은 그만큼 국내 고용을 축소시킨다.

산업자원 통상정책 부문에 있어서도 제대로 된 전문가가 활용되지 못하고 있다. 환경 시민단체 활동과도 긴밀한 관계를 가지는 문제로, 세계적인 경쟁력을 가진 원자력 발전 산업을 일거에 약화시킴으로써 에너지의 고비용 구조를 초래하고 있을 뿐 아니라 최근 미세먼지의 과다 발생에서 확인되고 있는 것처럼 국민 건강마저 위협하고 있다.

현 정부의 출범이 민주노총을 중심으로 한 노동계와 참여연대 등 시민단체들에 크게 의존했고 앞으로도 그 의존도를 유지해 갈 것이기에 설사 국민경제의 건전한 발전에 저해되더라도 결국은 그들이 요구하는 정책을 채택해 가지 않을 수 없을 것으로 보인다. 그러나 그들의 요구가 단기적으로는 그들에게 이익이 되더라도 그러한 정책 추진으로 인해 국민경제가 침몰해 버리면 결국에는 그들의 이익도 지켜내지 못할 것이므로 국민경제의 발전과 그들의 요구를 적절히 조화시키는 방책을 찾아야 한다.

지금 한국 경제에서 핵심적인 정책과제는 무엇일까. 그것은 4차 산업 추진에 필요한 기술, 기능 인력을 중심으로 한국의 각 산업 부문에 걸쳐 고급 인력의 양적 확보 및 기능 향상에 국민적 에너지를 집중시키는 것이다.

현 정부는 24조원의 예산으로 철도 및 공항 건설 등 경기부양적 개발 산업 추진을 계획하고 있다. 일본의 경험에서도 확인되고 있는 것처럼 이러한 예산 투입은 일회성 경제 효과에 지나지 않으므로 이러한 예산 투입은 최소한도로 억제해야 한다.

그 대신 대학, 기업 등과 협력 체제를 구축하여 인력을 개발하는 데 최대한의 예산을 투입해야 한다. 이것이야말로 한국 경제의 소생에 중요하다는 점을 명확히 인식하고 국가적 대책을 수립해야겠다.

경제 활성화의 주체는 미우나 고우나 기업이다. 그렇기 때문에 미국, 일본 중 선진국들도 기업들이 보다 적극적으로 기업 활동을 할 수 있도록 하는 환경 조성에 경제 정책의 역점을 두고 있다. 국내 기업들이 보다 적극적으로 투자 활동을 하게 함은 물론 해외에 나가 있는 한국 기업들이 한국으로 다시 돌아올 수 있도록 하는 경영환경 조성에 정책적 노력이 요구된다.

그러한 환경의 조성 정책 속에는 우리 기업들이 엘리엇 같은 기업 사냥꾼들에 더 이상 농락당하지 않고 기업 활동에만 전념할 수 있도록 경영 주권을 강화하는 방안도 반드시 포함시켜야 한다. 정책 당국자도 한국 기업이 외국 기업에 농락당하는 것을 원하지는 않을 것이다.

현재의 정책 기조를 그대로 두는 한 한국 경제도 언젠가는 베네수엘라의 길을 걸을지도 모른다는 우려가 적지 않은 만큼 한국 경제를 정상화시키기 위한 특단의 대책이 요구되는 시점이라 하겠다.

41. 아베 정부는 무엇을 잃고 있을까

2019. 8. 한국경제신문

지난 2일 한국을 화이트리스트(수출 절차 간소화 국가)에서 배제하는 결정이 일본 정부 각의를 통과했다. 한국은 일본의 통상 국가 중 사실상 적성(敵性) 국가군으로 취급받게 됐다. 아베 정부가 왜 이런 정책적 결단을 내렸는가에 대해서는 크게 두 가지 점을 지적할 수 있다.

첫째, 일본 입장에서는 한일 국교 정상화 시 청구권 자금을 지불해 식민지 지배에 따른 피해 보상이 끝났다고 생각했다. 그런데 이후 위안부 문제 및 징용공 문제가 차례차례 제기되자 한국과의 정부 간 협정은 무의미하다고 판단, 한국과 더 이상 우호적 관계를 유지하지 않겠다고 작정한 것으로 보인다. 둘째, 세계 자유무역 질서를 선도하는 미국이 트럼프 정권 출범과 더불어 강력한 보호무역 정책을 채택하는 것을 목격했다. 따라서 미국도 이번 일본의 결정에 별다른 이의 제기가 어려울 것이라고 판단한 것 같다.

일본 정부의 결정으로 한국 경제는 엄청난 시련에 직면할 것이 확실시된다. 1960년대 이후 첨단 산업을 비롯한 한국의 산업화는 일본의 생산 설비와 소재·부품에 의존해왔다. 이미 반도체 산업에서 보는 것처럼 이러한 생산 설비와 소재·부품에 대한 일본의 수출 억제는 여러 산업 분야에 걸쳐 원활한 생산 활동을 제한할 것이다. 결국 한국의 당해 산업은 설비·소재·부품을 자체 개발·생산하거나 제3국에서 수입해야 하는데 그것도 쉽지는 않다. 상당 기간에 걸쳐 이들 산업의 생산 차질이 불가피해 한국 경제의 불안정한 상태가 지속될 전망이다.

그러면 이러한 정책적 선택을 한 일본은 문제가 없는가? 그렇지 않다. 한국만큼 심각한 정도는 아니라 할지라도 일본 경제도 적지 않은 타격을 받을 것이다.

첫째, 자유무역 국가로서의 이미지가 실추될 것이다. 미국이 보호무역을 하니 일본도 괜찮다고 생각했을지도 모른다. 하지만 미국 경제는 식량과 에너지 완전 자립과 많은 지하자원의 존재로 인해 자유무역을 하지 않아도 결정적 타격은 없다. 반면 일본이나 한국 경제는 수출입 없이는 국민경제가 성립되지 않을 정도로 타격이 크다. 그런 의미에서 일본이 자유무역 질서를 스스로 파괴한 것은 일본 경제의 대외 활동에 두고두고 부담으로 작용할 것이다.

둘째, 일본이 이러한 조치를 취하면 한국도 대응 조치를 취하지 않을 수 없다. 이미 1차적으로 일본 소비재 불매 운동과 일본 관광 축소가 진행되고 있다.

셋째, 한국 경제도 초기에는 어려움을 겪겠지만 부품·소재 자체 생산 및 제3국 대체 수입이 확대되지 않을 수 없다. 결국 한일 경제는 사실상 별개의 경제권으로 전개될 것으로 예상한다. 그렇게 되면 한일 경제는 지금보다도 더 제3국에서 과당경쟁을 벌이면서 양국 교역 조건이 악화되어갈 것이다.

넷째, 한일은 다 같이 생산가능인구가 빠르게 줄어가고 있으며 인적자원의 질적 차이도 크지 않다. 양국 간 국제 분업 필요성이 매우 높은 대목이다. 그런데 이번 조치로 인해 사실상 국제 분업이 차단되면서 양국이 모두 그에 따른 경제적 이익과 가능성을 크게 상실할 것이다.

아베 정부의 이번 조치는 한국인에게 과거 일본의 식민지 지배를 떠올리게 해 양국 관계가 더욱더 악화될 것으로 예상된다. 일중 간 남중국해 분쟁과 한중 간 사드(고고도미사일방어체계) 문제 목격을 통해 한일 경제계는 중국이 자유무역 통상 질서를 받아들이기 쉽지 않겠다고 판단했다. 또 양국 기업이 더욱 협력해 자유무역 성격의 역내포괄적경제동반자협정(RCEP)을 창설하자고 다짐해 왔다. 한일이 협력하면 엄청난 이익을 창출할 수 있는데도 눈앞 선거와 표만 계산하는 양국 정치가들로 인해 이렇게 외면되는 현실이 안타깝기 짝이 없다.

42. '소·부·장 산업'을 어떻게 효율적으로 육성할 것인가

2019. 9. 한국경제신문

아시아에서 자유무역 통상 질서를 주도해야 할 한일 양국이 서로를 자국 화이트리스트(수출 절차 간소화 국가)에서 배제하기로 결정한 것은 지극히 유감스러운 일이다. 한국 대법원의 징용 배상 판결에서 비롯된 것이라 해도 일본이 한국을 화이트리스트에서 배제한 것은 한국 경제뿐 아니라 일본 경제에도 적지 않은 피해를 초래하게 될 것이다.

일본의 화이트리스트 배제 결정으로 한국으로선 그 대응책을 마련해야 했고 시급히 소재·부품·장비 육성 정책을 추진하게 된 것은 불가피한 선택이었다. 이 육성책 추진에 있어 가장 중요한 점은 현재 소재·부품·장비의 수입에 의존하는 반도체, 자동차, 탄소섬유 등 한국의 핵심 수출 품목의 대외 경쟁력을 약화시켜서는 안 된다는 것이다.

대외 경쟁력의 핵심은 품질 경쟁력과 가격경쟁력이다. 따라서 빨리 우리 기업들이 일본에서 수입해 오던 소재·부품·장비와 한국에서 생산되는 동일 품목을 비교해 일정 기간 내에 품질·가격 격차를 줄일 수 있는 품목과 그렇지 못한 품목으로 나눠야 한다. 전자의 품목은 육성책을 적극 추진하고 후자의 품목은 미국·유럽 등에서 일본을 대체할 수 있는 기업을 찾아내는 게 중요하다. 일본을 대신할 수 있는 유력한 국가로 독일 등이 거론되는데, 해당 국가 기업과 긴밀한 협력 체제를 구축함과 동시에 이들 국가로부터 수입 시 어떻게 물류비용을 절감해 가격 인상을 억제할 것인지에 대한 면밀한 대책 수립이 요망된다.

국내 대체화를 추진하는 경우 특정 소재·부품·장비를 생산하는 업체 간 경쟁과 통폐합 유도를 통해 경쟁력을 갖춘 기업을 만들어내야 한다. 특정 품목의 품질과 가격경쟁력을 높이려면 연구개발(R&D) 규모가 크고 생산 시설에서 규모의 경제 효과를 누릴 수 있는 기업이 유리함은 두말할 필요가 없다. 경쟁을 통한 자연스러운 중견 기업화 유도가 뒤따라야 할 것이다.

해당 소재·부품·장비 수요 업체와의 제휴 강화도 필요한 대목이다. 과거 한국 기업이 일본으로부터의 수입 품목 대체를 시도했을 때, 일본이 해당 품목 가격을 크게 인하해 국내 수입 대체화 기업을 어렵게 만든 사례가 적지 않았음을 상기하자. 이러한 사태의 재발을 방지하려면 소·부·장 업체와 수요 업체 간에 긴밀한 이해관계 구축이 뒷받침돼야 한다. 이들 업체가 개발한 소재·부품·장비가 경쟁력을 갖출 수 있는 일정 기간까지는 수요 업체가 쉽게 외면할 수 없도록 하는 '제도적 장치'가 요구된다.

반도체, 자동차, 탄소섬유 등의 수요 업체들이 소·부·장 개발 과정에 일정 자본과 기술 인력을 투입하도록 하는 것도 소·부·장 수요 업체와 개발 업체 간에 긴밀한 이해관계를 갖게 하는 한 방법이다. 이러한 협력 체제는 자칫 공정거래법에 저촉될 여지도 있다. 하지만 이번 일본의 화이트리스트 적용 제외는 국가적 긴급 사태다. 사태 극복을 통한 국민경제 생존을 위해서는 국내 기업에 적용되는 법, 규제 등을 일정 기간 유예하는 정책적 결단도 불가피할 것으로 판단된다.

대외의존도가 높은 한국 경제는 '국민경제 생존' 차원에서 대외 환경 변화에의 신속한 대응을 최우선시해야 한다는 점을 명심해야 한다. 나아가 이번 일본의 화이트리스트 적용 제외를 계기로 가능한 대체 방법을 끊임없이 모색해 더 이상 일방적 의존으로 인한 낭패감을 맛보지 않도록 해야 할 것이다.

43. 코로나 이후를 생각할 때다

2020. 4. 한국경제신문

코로나19(신종 코로나바이러스 감염증)로 인해 세계 경제가 혼돈 상태인 와중에 코로나 이후를 생각한다는 게 적절한지 모르겠다. 하지만 한국에서는 코로나가 어느 정도 진정 국면에 접어들고 있다. 이제 코로나로 큰 타격을 입은 경제를 재건해야 할 시점임에 분명하다. 그간의 전개 과정을 살펴보면 향후 한국 경제 재건에도 어떤 형태건 코로나 사태의 경험을 살릴 필요가 있다는 점은 부인할 수 없을 것이다.

이번 사태를 겪으면서 우리 의료 기술과 시스템이 어느 선진국 못지않다는 점이 분명해졌다. 이 경험을 살려 의료관광을 적극 육성해야 한다. 우리 의료 기술과 시스템이 상당한 수준이란 것이 입증됐으며 세계적으로 알려졌다. 우리 의료 시스템과 관광을 접목한 패키지로 외국인들이 접근하기 쉽게 정비하고 홍보해 가면 중요 산업으로 성장할 가능성이 충분하다.

코로나 사태를 통해 우리는 '리스크 회피' 대비 없이 글로벌 서플라이 체인(공급망) 구축을 추진하면 위험에 직면했을 때 무방비 상태가 될 수 있다는 점도 확인했다. 앞으로 경제 시스템을 재구축하면서 어떤 위험에도 최소한의 생산은 할 수 있는 시스템으로 재편해야 한다. 우리 주력 산업은 어떠한 부품도 최소한의 국내 생산이 가능하도록 해야 한다. 당해 부품의 해외 생산도 특정 국가에 편중하지 않고 적절히 분산시키는 것이 절대 필요하다. 서플라이체인 재구축에 있어 지나치게 비효율적이지 않다면 이러한 점들을 고려해야 할 것이다.

우리가 선진국으로 높이 평가하던 미국·영국·프랑스·이탈리아 등이 예상외로 내부가 취약하다는 점도 드러났다. 그들이 왜 취약성을 노정했는지에 대해서는 경제 발전 방법론 관점에서 심층 연구가 필요할 것이다. 다만 지금 지적할 수 있는 점은 이들 국가가 제조업을 등한시하고 너무 서비스 산업 발전에만 힘을 기울여온 여파가 아닌가 하는 것이다.

금융 등 서비스 산업은 일견 고부가가치 산업으로 인식되지만 제조업의 튼튼한 기반이 전제되지 않으면 국민경제가 일거에 무너질 수 있다. 이미 2008년 금융위기 때 이를 확인한 바 있으며 이번에 이들 국가가 취약성을 나타낸 것도 그 점에서 비롯됐다고 볼 수 있다. 따라서 향후 한국 경제 재편에도 고부가가치 서비스 산업 발전을 추진하되 제조업을 대신하는 게 아니라 병행 발전시켜야 한다는 점을 명확히 할 필요가 있다. 한국 경제에 있어 제조업의 중요성을 재인식해 경쟁력 강화에 배전의 노력을 기울여야겠다.

코로나 사태는 수요·공급 양쪽에서 차질을 야기해 개별 경제, 나아가서 세계 경제를 침체시키고 있다. 한국 자동차 산업의 경우 필요 부품을 중국에서 조달받지 못해 부분적으로 생산 차질을 빚고 있다. 자동차 제품 세계 수요도 급락해 산업 자체가 빠르게 침체되고 있다. 한·중·일 등은 구미 시장에 크게 의존하고 있다. 따라서 한국을 위시한 아시아 국가들이 공급 부문을 충족시켜도 구미 경제가 회복되지 않는 한 아시아 국가들의 경제 회복은 쉽지 않다.

이러한 때에 아시아 국가들이 추진 중인 역내포괄적경제동반자협정
(RCEP)을 빨리 발효시켜 RCEP 중심으로 구미 시장 의존도를 낮추면 코
로나로 인한 경제 침체에서 빨리 벗어날 수 있을 것이다. 가령 한국 경제
의 중국 시장 의존도는 25%인 데 반해 미국 시장 의존도는 10%라 비교
적 미국 시장 의존도가 낮은 것으로 인식될 수 있다. 하지만 중국 제품의
미국 수출에 차질이 생기면 곧바로 한국 제품의 중국 수출도 축소된다는
점에서 한국의 미국 시장 의존은 직접적으로는 물론이고 간접적으로도
크다. 한국 경제의 안정적 발전을 위해서라도 RCEP와 같은 아시아 경제
공동체 창설이 시급히 요구된다.

이처럼 코로나 사태는 세계 경제 속 한국 경제의 위상 내지 존립 형태
를 재조명하는 기회가 됐다. 한국 경제가 침체를 극복하고 안정적 성장
을 추진하기 위해 어떠한 전략적 재편이 필요한지 심도 있게 검토할 때
다.

| 참고문헌 |

이지평, 「우리는 일본을 닮아가는가」, LG경제연구원, 2017. 2. 15.

조윤제 외, 『한국의 소득분배』, 한울, 2016.

內閣官房, 『「若者・女性活躍推進フォーラム(若者部分)」及び「再チャレンジ懇談會」を通じて實現・推進が圖られた主要施策一覧』, 2014. 5. 8.

법원행정처 자료

산업통상자원부 자료

한국은행 경제통계 시스템 자료

IMF, Exchange Rate Archives by Month.

매일경제신문 기사

중앙일보 기사

한국경제신문 기사

日本經濟新聞 기사